Frank Sachau

Biker Betten
Motorrad Reisebuch

DEUTSCHE MITTELGEBIRGE

auf dem Motorrad entdecken

Ob ausgedehnte Tour oder Hausrunde: Autor Frank Sachau hat immer eine große Portion gesunden Humor im Gepäck.

Mit viel Freude kurvte ich in den vergangenen Jahren über sanfte Kuppen und raue Höhen, zog durch dunkle Wälder und passierte weite Felder. Nahezu alle deutschen Mittelgebirge habe ich erkundet, selbst das kleinste, den Fläming in Brandenburg, dessen Gipfel gerade mal 200 Meter in den Himmel ragt.

> Deutsche Mittelgebirge sind alles, aber keinesfalls mittelmäßig!

Im eigenen Land mit dem Motorrad unterwegs zu sein, hat viele Vorteile: Die Reisevorbereitungen sind kaum spürbar, es gibt keine Sprachschwierigkeiten bei gesundheitlichen oder technischen Problemen, und wer spontan auf gute Wetterlagen reagieren kann, ist fein raus.

Ganz nebenbei, wortwörtlich im Vorüberfahren, bekommt der Wissensdurstige viele Informationen zu Land und Leuten geboten: von den befestigten Siedlungen der Kelten, über den Limes der römischen Legionen bis zu den Hinterlassenschaften des letzten Krieges. Zahlreiche Themenstraßen führen an schicken Schlössern, trutzigen Burgen und traurigen Ruinen vorbei; einst wurden sie von Kaisern, Königen oder Despoten bewohnt.

Berauschende Panoramen

Märchen und Mythen ranken sich um geheimnisvolle Landstriche, Kirchen und Klöster verstecken sich in stillen Winkeln. Schmale Pfade lotsen zu legal anfahrbaren Hochpunkten oder Aussichtstürmen mit berauschenden Panoramen. Romantische Ortskerne schenken Einblicke in tausendjährige Baustile und verlocken zur Rast. Regionale Speisen mit Mundart serviert, schmecken gleich doppelt gut. Namhafte Flüsse trennen keine Höhenzüge, sie verbinden sie aufs Allerfeinste. Kurzum, deutsche Mittelgebirge machen einen Heidenspaß!

Wer Nachschlag möchte, erkundet Rhön, Eifel, Odenwald, Spessart, Weserbergland oder Pfälzerwald. Die Liste der touristisch perfekt erschlossen Regionen ist lang. Längst haben die Hoteliers den Motorradreisenden als angenehmen und zahlungskräftigen Gast entdeckt. Das Angebot an entsprechenden Unterkünften ist riesig. Stellplatz, Schrauberecke und Kartenmaterial sind mittlerweile Selbstverständlichkeiten. Mit vielen Wirten bin ich seit Jahren gut befreundet, so mancher hat immer noch einen Geheimtipp als Ass im Ärmel.

> »Nur Reisen ist Leben, wie umgekehrt das Leben Reisen ist.«
> (Jean Paul 1763-1825)

Wer meint, alles gesehen zu haben, besucht meine Heimat, die Holsteinische Schweiz, und fährt hinauf zum 167 Meter hohen Bungsberg, dem Gipfel des nördlichsten Bundeslandes. Der Blick von dort oben reicht bis an den Horizont, wo Meer und Himmel eins werden.

Zu den schönsten Flecken

Seit mehr als 30 Jahren bin ich ausschließlich auf BMW GS-Modellen unterwegs zwischen Dänemark im Norden, der Toskana im Süden, den Pyrenäen im Westen und Polen im Osten. Zwischendurch führten meine Reisen immer wieder in die Alpen: Zwischen Wien und Nizza blieb kein namhafter Pass unberührt. Und selbstverständlich kamen auch Deutschlands schönste Flecken unter die Räder. Auf Drängen der weltbesten Sozia wurde sogar die vierwöchige Hochzeitsreise auf dem Motorrad absolviert.

Von dem Wunsch, Reiseeindrücke in Bildern festzuhalten, getrieben, besuchte ich Fotokurse, studierte Fachbücher und investierte in meine Kameraausrüstung. Bei der Lektüre eines Fotomagazins stolperte ich vor fast 25 Jahren zufällig über eine Kleinanzeige, in der ein „motorradfahrender Amateurfotograf für die freie Mitarbeit an einem Reiseführer gesucht“ wurde. Das Schicksal nahm seinen Lauf. Bis heute habe ich über 400 Reiseberichte geschrieben, in denen ich in Wort und Bild von meinen Touren berichte. Häufig stehen meine fünf „Ks“ im Focus: Kurven, Kehren, Küche, Keller und Kultur, denn Fahren macht hungrig und durstig und Reisen bildet.

Warum ich BMW GS fahre? Keine meiner Maschinen, egal, ob Zwei- oder Vierventiler, luft- oder wassergekühlt, hat mich je enttäuscht. Verlässlichkeit, Zuladung und Zweipersonenbetrieb standen ebenso im Vordergrund, wie die großen Tanks der Adventure-Modelle. Und als norddeutscher Hüne mit 204 Zentimeter Körpergröße gibt es nicht viele Motorräder, auf denen ich mich wohl fühlen könnte.

Es würde mich sehr freuen, dem ein oder anderen von euch in einem der zahlreichen Mittelgebirge zu begegnen. Ich bin ja nicht zu übersehen.

Der lange Frank

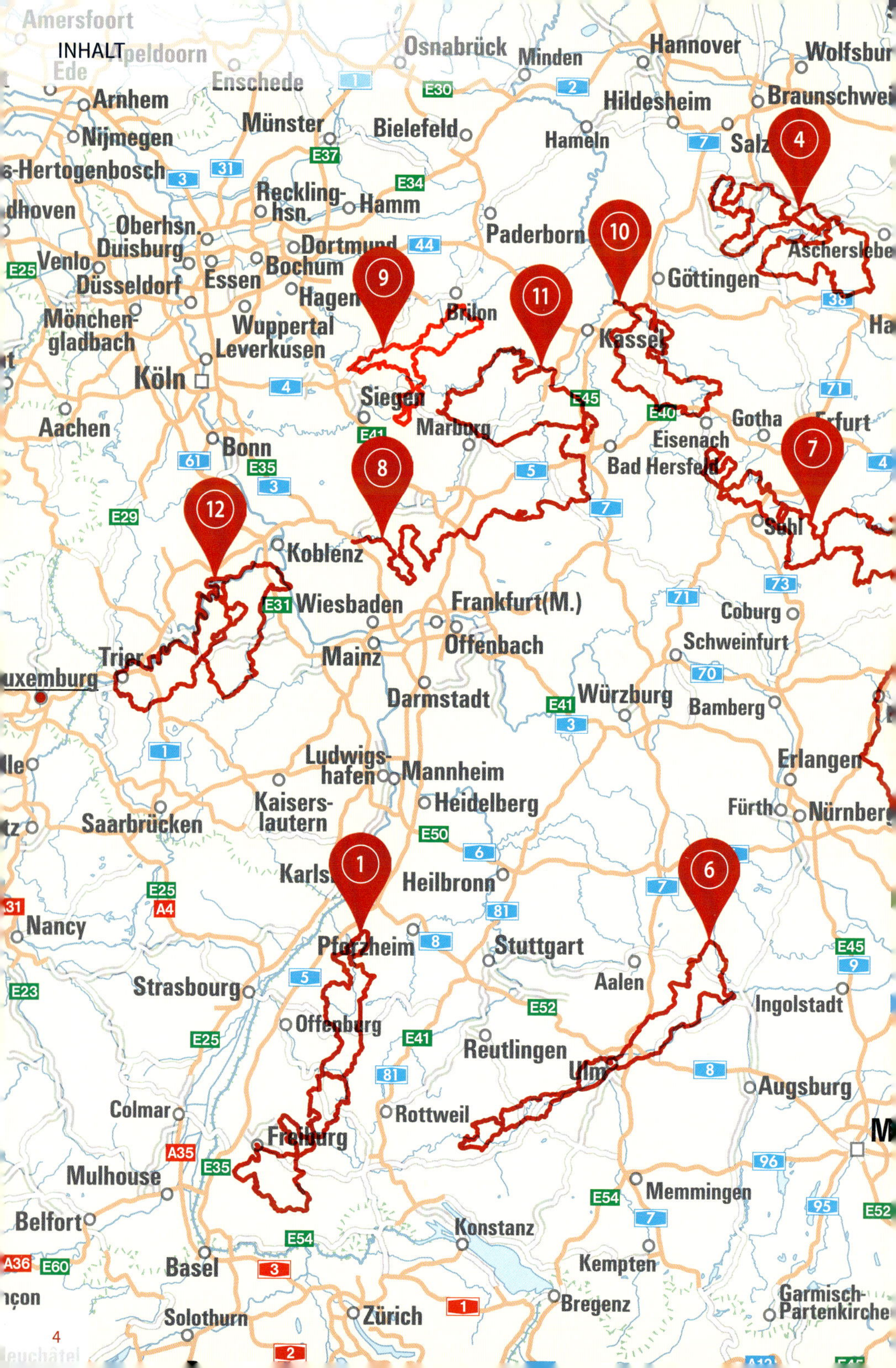
Amersfoort
Apeldoorn
Ede
Osnabrück
Minden
Hannover
Wolfsburg
Arnhem
Enschede
Braunschweig
Hildesheim
Nijmegen
Münster
Bielefeld
Hameln
Salz
4
's-Hertogenbosch
Eindhoven
Reckling-
hsn.
Hamm
Oberhsn.
Paderborn
10
Duisburg
Dortmund
Aschersleben
Venlo
Bochum
Essen
9
Göttingen
Düsseldorf
Hagen
11
Mönchen-
gladbach
Wuppertal
Brilon
Kassel
Leverkusen
Köln
Siegen
Aachen
Marburg
Gotha
Erfurt
Eisenach
7
Bonn
Bad Hersfeld
8
12
Suhl
Koblenz
Wiesbaden
Frankfurt(M.)
Coburg
Trier
Mainz
Offenbach
Schweinfurt
Luxemburg
Darmstadt
Würzburg
Bamberg
Ludwigs-
hafen
Mannheim
Erlangen
Kaisers-
lautern
Heidelberg
Fürth
Nürnberg
Saarbrücken
Karlsruhe
1
6
Heilbronn
Nancy
Pforzheim
Stuttgart
Aalen
Strasbourg
Ingolstadt
Offenburg
Reutlingen
Ulm
Augsburg
Colmar
Rottweil
Freiburg
Mulhouse
Memmingen
Belfort
Konstanz
Basel
Kempten
Bregenz
Garmisch-
Partenkirchen
Zürich
Solothurn
Neuchâtel

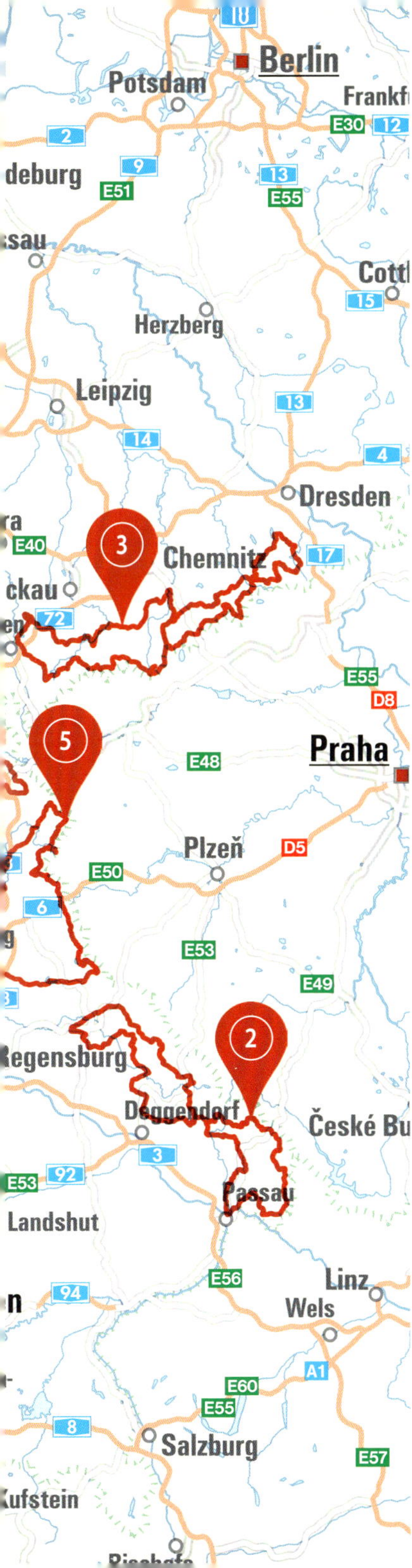
Berlin
Potsdam
Frankf
deburg
Herzberg
Cottb
Leipzig
Dresden
Chemnitz
3
5
2
Praha
Plzeň
Regensburg
Deggendorf
České Bu
Passau
Landshut
Linz
Wels
Salzburg
Kufstein

Schafskälte

Unter den zahlreichen Mittelgebirgen Deutschlands gilt der Schwarzwald als des Motorradfahrers liebstes Kind. Hoch oben auf Panoramastraßen über die Berge schauen, oder in den Tälern Kurven kratzen – hier findet sich für jeden Typ das passende Terrain. Der Autor geht den Fragen nach: Wo kommt das Bier her, woher die Gläser, und wo findet man das längste Serienmotorrad der Welt?

Bilderbuchlandschaft bei Forbach im Murgtal.

TOUREN-STECKBRIEF

BASISORT

Schenkenzell (48.308940, 8.37127)

STRECKENLÄNGE

ca. 600 km

DAUER DER TOUR

2 Tage

ROADBOOK

Tourt 1: Schenkenzell, Gutach, Oberprechtal, Schonach, Höhengasthaus Kolmenhof, Furtwangen, Gutach im Breisgau, Sankt Märgen, Freiburg im Breisgau, Schauinsland, Staufen im Breisgau, Todtmoos, Sankt Blasien, Feldberg, Hexenlochmühle, Sankt Georgen, Schenkenzell (365 km)

Tour 2: Schenkenzell, Wolfach, Sand, Raumünzach, Forbach, Baden-Baden, Marxzell, Gernsbach, Sprollenhaus, Freudenstadt, Alpirsbach, Schenkenzell (240 km)

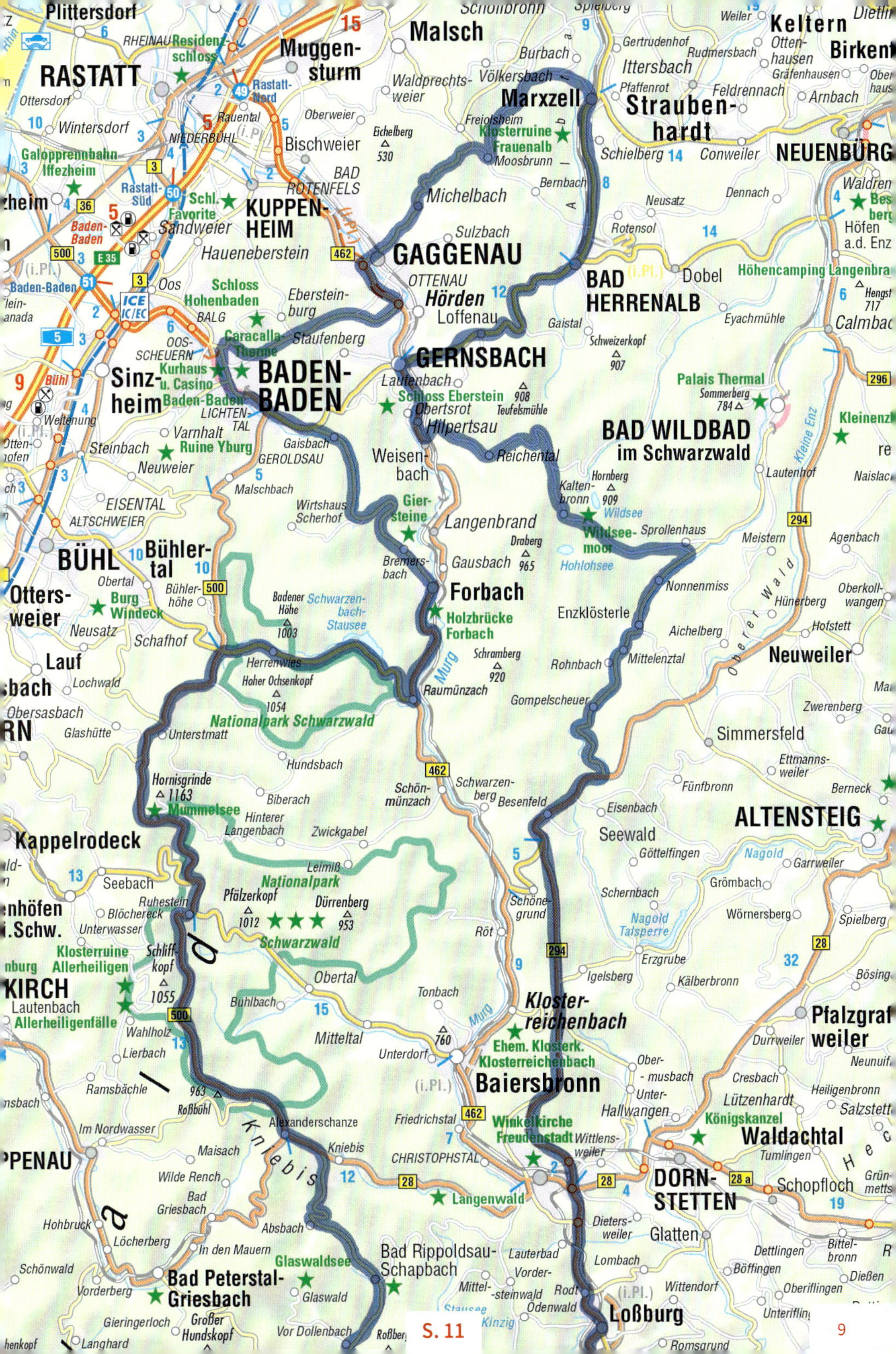
Plittersdorf
RASTATT
Muggensturm
Malsch
Keltern
Birkenfeld
Marxzell
Straubenhardt
NEUENBÜRG
Residenzschloss
Rastatt-Nord
Galopprennbahn Iffezheim
Bischweier
BAD ROTENFELS
KUPPENHEIM
Schl. Favorite
Michelbach
Sulzbach
GAGGENAU
Klosterruine Frauenalb
Moosbrunn
Bernbach
Rotensol
Dobel
BAD HERRENALB
Höhencamping Langenbrand
Hauenebersteint
Schloss Hohenbaden
Ebersteinburg
OTTENAU
Hörden
Loffenau
Staufenberg
Caracalla-Therme
BADEN-BADEN
GERNSBACH
Kurhaus u. Casino Baden-Baden
Sinzheim
Lautenbach
Schloss Eberstein
Obertsrot
Hilpertsau
Teufelsmühle
Palais Thermal
BAD WILDBAD im Schwarzwald
Ruine Yburg
Varnhalt
Steinbach
Neuweier
Weisenbach
Reichental
Kaltenbronn
Hornberg 909
Wildsee
Wildseemoor
Hohlohsee
Sprollenhaus
Gaisbach
GEROLDSAU
Malschbach
Wirtshaus Scherhof
Giersteine
Langenbrand
Gausbach
Bremersbach
Forbach
Holzbrücke Forbach
EISENTAL
ALTSCHWEIER
BÜHL
Bühlertal
Bühlerhöhe
Ottersweier
Burg Windeck
Neusatz
Schafhof
Badener Höhe 1003
Schwarzenbach-Stausee
Enzklösterle
Nonnenmiss
Herrenwies
Hoher Ochsenkopf 1054
Raumünzach
Schramberg 920
Rohnbach
Mittelenztal
Gompelscheuer
Neuweiler
Simmersfeld
Lauf
Sasbach
Obersasbach
Glashütte
Unterstmatt
Nationalpark Schwarzwald
Hundsbach
Hornisgrinde 1163
Mummelsee
Biberach
Hinterer Langenbach
Zwickgabel
Schönmünzach
Schwarzenberg
Besenfeld
Eisenbach
Seewald
ALTENSTEIG
Kappelrodeck
Seebach
Leimiß
Nationalpark
Pfälzerkopf 1012
Dürrenberg 953
Schwarzwald
Ruhestein
Blöchereck
Unterwasser
Klosterruine Allerheiligen
Allerheiligenfälle
Schliffkopf 1055
Schönegrund
Röt
Nagold Talsperre
Erzgrube
Obertal
Buhlbach
Mitteltal
Tonbach
Klosterreichenbach
Ehem. Klosterk. Klosterreichenbach
Igelsberg
Pfalzgrafenweiler
Unterdorf
Baiersbronn
Obermusbach
Untermusbach
Hallwangen
Wahlholz
Lierbach
Ramsbächle
Roßbühl
Alexanderschanze
Kniebis
Friedrichstal
Winkelkirche Freudenstadt
CHRISTOPHSTAL
Wittlensweiler
Königskanzel
Waldachtal
DORNSTETTEN
Schopfloch
OPPENAU
Maisach
Wilde Rench
Bad Griesbach
Langenwald
Dietersweiler
Glatten
Lauterbad
Lombach
Löcherberg
In den Mauern
Absbach
Glaswaldsee
Bad Rippoldsau-Schapbach
Vorderberg
Bad Peterstal-Griesbach
Glaswald
Großer Hundskopf
Vor Dollenbach
Roßberg
Vordersteinwald
Rodt
Ödenwald
Loßburg
Wittendorf
Oberiflingen
Kinzig
Langhard

S. 11

S. 11

ELZACH
Freiamt
Winden im Elztal
Teningen
EMMENDINGEN
Gutach im Breisgau
Kollnau
Sexau
WALDKIRCH
Simonswald
Simonswälder Tal
FURTWANGEN i.Schwarzwald
Schönwald i.Schw.
Martinskapelle
Denzlingen
Ruine Zastlerberg
Kandel
Gundelfingen
Glottertal
FREIBURG im Breisgau
March
Umkirch
Hugstetten
St. Peter
St. Märgen
Ehem. Kloster St. Peter
Kloster St. Märgen
Eschbach
Stegen
Merzhausen
Kirchzarten
Buchenbach
Höllentalbahn
Ravennaschlucht
Hirschsprung
Oberried
Ehrenkirchen
Bollschweil
Bergwelt Schauinsland
Schauinsland
Steinwasen-Park
Hinterzarten
TITISEE-
STAUFEN i.Breisgau
Burgruine Staufen
Münstertal
Kloster St. Trudpert
Münstertal (Schwarzwald)
Feldberg
Hochschwarzwald
Todtnauberg
Todtn. Wasserfälle
TODTNAU
Lenzkirch
Schluchsee
Museumsbergwerk Finstergrund
SULZBURG
Bad Sulzburg
Belchen
Schwarzwald
SCHÖNAU
Hasenhorn Rodelbahn
Bernau
SANKT BLASIEN
Dom Sankt Blasien
Hochkopf
Wallf.-Kirche Todtmoos
Todtmoos
Höchenschwand
Dachsberg (Südschwarzwald)
ZELL i.Wiesental

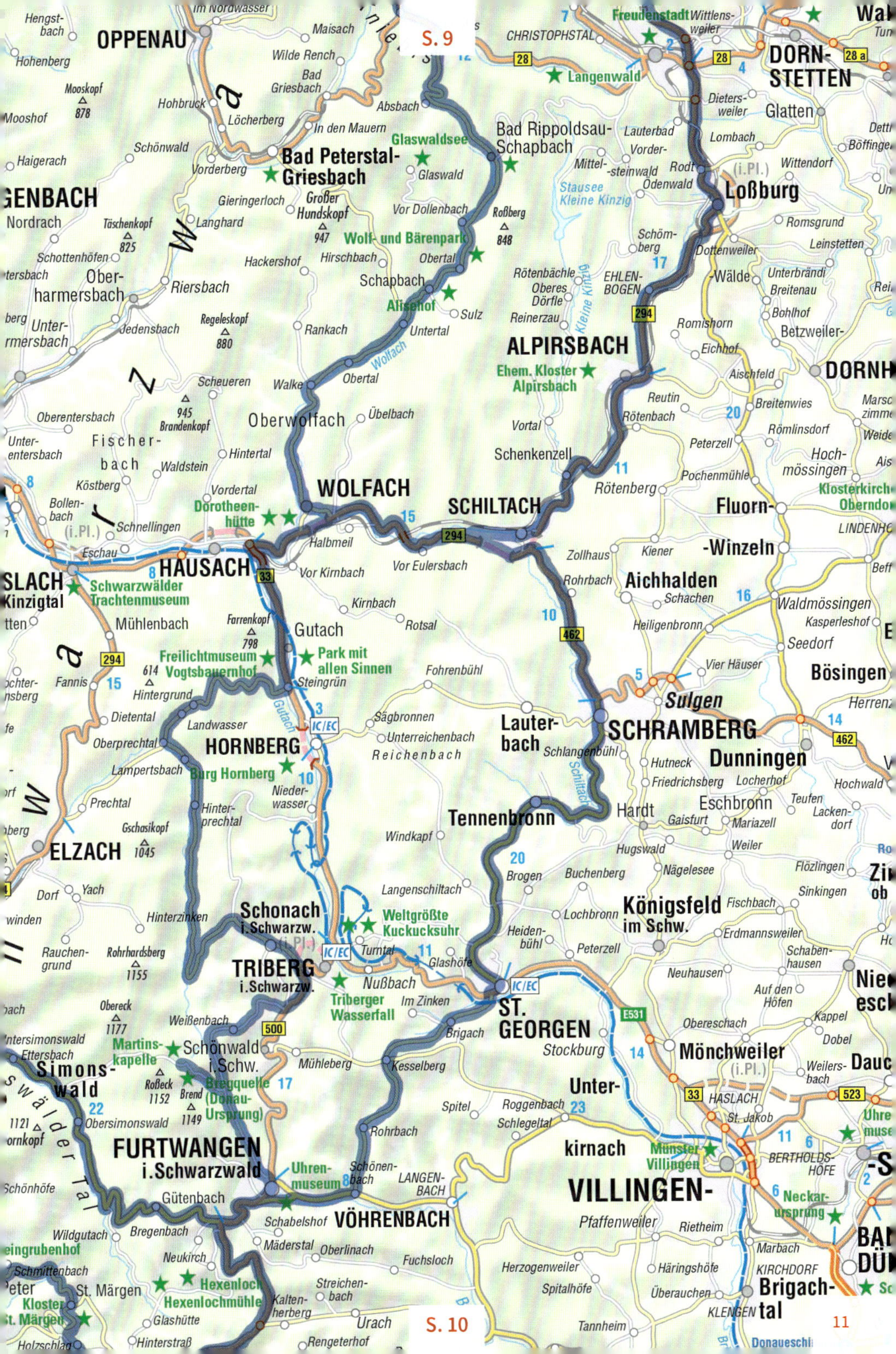

S. 9
OPPENAU
Bad Peterstal-Griesbach
Glaswaldsee
Bad Rippoldsau-Schapbach
Freudenstadt
CHRISTOPHSTAL
Langenwald
DORNSTETTEN
Glatten
Loßburg
Stausee Kleine Kinzig
Wolf- und Bärenpark
Schapbach
Alisehof
ALPIRSBACH
Ehem. Kloster Alpirsbach
Oberwolfach
WOLFACH
SCHILTACH
Dorotheenhütte
HAUSACH
Schwarzwälder Trachtenmuseum
Gutach
Freilichtmuseum Vogtsbauernhof
Park mit allen Sinnen
HORNBERG
Burg Hornberg
Lauterbach
SCHRAMBERG
Sulgen
Dunningen
Aichhalden
Fluorn-Winzeln
Tennenbronn
ELZACH
Schonach i.Schwarzw.
Weltgrößte Kuckucksuhr
TRIBERG i.Schwarzw.
Triberger Wasserfall
ST. GEORGEN
Königsfeld im Schw.
Mönchweiler
Martinskapelle
Schönwald i.Schw.
Bregquelle (Donau-Ursprung)
Simonswald
FURTWANGEN i.Schwarzwald
Uhrenmuseum
VÖHRENBACH
Unterkirnach
VILLINGEN-
Münster Villingen
Neckarursprung
Hexenloch
Hexenlochmühle
Kloster St. Märgen
Brigachtal
S. 10

Bei der Schwarzwald Panoramastraße ist der Name Programm.

Die Stimme im Radio meldet emotionslos die Gefahr von Bodenfrost! Alljährlich kommt es Mitte Juni zu einem Kälteeinbruch, bei dem die durchschnittliche Temperatur um fünf bis zehn Grad fällt: - die Schafskälte. Haben die Sonnenstrahlen am frühen Morgen noch nicht den Talgrund erreicht, sind lange Unterhose und Fleecepullover unter der Motorradkluft erste Wahl. Die Luft dringt mit der Kraft einer ganzen Tüte Eukalyptusbonbons in die Atemwege.

Mit dem Lauf der Kinzig erreiche ich das Ortsschild von Wolfach. Statt durch den schnöden Tunnel zu huschen, wähle ich lieber den Umweg durch den malerischen Ortskern. Wie in den vergangenen 400 Jahren im Schwarzwald gewohnt, gelebt und gearbeitet wurde, entdecke ich auf einem Rundgang durch das Freilichtmuseum Vogtsbauernhof zwischen Hausach und Gutach. Zahlreiche typische Häuser mit weit ins Gesicht gezogenen Dachmützen, antike Werkzeuge und Möbel geben Einblicke in die gute alte Zeit.

Später verlasse ich die Europastraße, auf mich wartet die Nebenstrecken-Sahneschnitte an der Elz entlang nach Triberg. Wer aber mit Wasserfällen und Touristenrummel nichts anfangen kann, ist gut beraten, in

Lohnenswert ist ein Halt an den Triberger Wasserfällen.

Schonach die Abzweigung nach Schönwald zu nehmen.

Die einzig wahre Donau

Den Spruch „Die Brigach und die Breg bringen die Donau zu Weg", kennt im Schwarzwald jedes Kind. Was aber die Bürger Donaueschingens nicht davon abhält, die dortige Karstquelle als einzig wahren Donauursprung zu bezeichnen. Grund für einen seit fast fünf Jahrhunderten schwelenden Streit.

Am 1204 Meter hoch gelegenen Kandelrasthaus angekommen lasse ich meinen Blick über den Kaiserstuhl, die Rheinebene und die Vogesen schweifen. Das schmucke Sankt Peter liegt an der Einfahrt zum Glottertal, aber mir steht so gar nicht der Sinn nach einer neuen Folge der Schwarzwaldklinik mit Professor Brinkmann und Schwester Gaby. Also links ab nach Sankt Märgen. Das herrliche Landschaftsbild entschädigt für

Ein beliebter Bikertreff an der Schwarzwaldhochstraße ist die große Tanne.

Die Breg, Hauptquellfluss der Donau, entspringt in 1078 Metern Höhe, am nahen Gasthof Kolmenhof. Weniger bekannt ist die handzahme Wilde Gutach, der ich durchs malerische Simonswälder Tal bis ins Breisgau folge. Und dann heißt es Anlauf nehmen und ja nicht die Gashand locker lassen! Die Schwarzwald-Panoramastraße swingt durch den Kandelwald und überwindet dabei einen gewaltigen Höhenunterschied von fast eintausend Metern.

manch fiese Kurve und den mäßigen Teer. Nach einer Stippvisite zum Freiburger Münster, dessen 116 Meter hoher Turm seit dem Mittelalter gern als schönstes Exemplar auf Erden gelobt wird, zeige ich dem gotischen Gotteshaus das Rücklicht.

Mich lockt der Schauinsland – ein Begriff, der bei Black-Forest-Bikern Sehnsüchte weckt, die aber nur unter der Woche gestillt werden können, weil die kurvenreiche Nordrampe an Wochenenden und Feiertagen für Motorräder gesperrt ist. Hier kann der Drehzahlmesser lustvoll am roten Bereich knabbern, die Schaltbox rauf- und runtergespielt, und die Schräglagenfreiheit neu bemessen werden.

Oben auf den Parkplatz gerollt, habe ich große Mühe, eine freie Stellfläche für mein Motorrad zu finden. Es herrscht ein reges Treiben wie in einem Bienenkorb, und brummen tut's auch gewaltig. Der nahe Belchen darf in meiner Berg-Runde nicht fehlen, eine Seilbahn transportiert mich mühelos auf 1414 Meter Höhe, die dann genossenen Panoramen sind wirklich jeden Euro wert.

Zu den bekanntesten Ausflugszielen zählt der Titisee.

Kleiner Bruder Titisee

Die nun folgenden Meilen bis zur Benediktinerabtei in St. Blasien sind Bikers Liebling, ich tanze von einer Biegung in die nächste. Entlang der Schwarza erreiche ich auf der B 500 das südliche Ende der sechs Kilometer langen Badewanne Schluchsee. Der benachbarte kleine Bruder Titisee erfreut sich bei den übrigen Touristen ebenfalls großer Beliebtheit, versteckt sich aber hinter rigorosen Zufahrtsverboten. Weil mir nichts verborgen bleibt, finde ich über den Ortsteil Bruderhalde an das dunkle Gewässer.

Zurück auf der Schwarzwald-Panoramastraße suche ich den Abzweig nach Sankt Märgen, um zur Hexenlochmühle zu gelangen. Der Fahrweg präsentiert sich äußerst abwechslungsreich – durch enge Kurven

Der Berg Schauinsland trägt seinen Namen völlig zu Recht.

geht es auf und ab durch das feuchte, dunkle Tal des Glaserbachs.

Die von Wind und Wetter geschwärzte Mühle ist noch intakt, Wasser rauscht über zwei imposante Mühlräder, aufgewirbeltes Nass lässt kleine Regenbögen in der Luft schweben. Zeit für eine Pause – selbstverständlich kommt da die Schwarzwälder Kirschtorte auf den Tisch.

In Furtwangen biege ich rechts in Richtung Vöhrenbach ab, um auf kleinsten Nebenstrecken die Brigachquelle zu finden. Die Brigach spendet ihr Wasser wie die Breg für das Entstehen der Donau. In fast tausend Metern Höhe entspringt sie im Keller eines Bauernhofes, wo sie auch besichtigt werden kann. Dann wird es Zeit, den Autopiloten einzuschalten, grobe Richtung Norden. Der gesellige Abend im Waldblick bietet reichlich Gelegenheit, die vorherrschende Schafskälte mit einigen Obstlern zu bekämpfen.

Talentierte Glasbläser

Am nächsten Morgen, es ist immer noch recht frisch, rezitiere ich beim Losfahren die alte Motorradfahrerweisheit: Lieber kalt und trocken, als warm und nass! Richtig heiß wird es in der nach rund 20 Kilometern erreichten Wolfacher-Dorotheenhütte, der letzten, aktiven Mundblashütte des Schwarzwaldes. In der flirrend heißen Luft zeigen talentierte Glasbläser, was man aus einer trägen, glühenden Quarzsandmasse alles herstellen kann. Im angeschlossenen Museum bestaune ich historische Exponate verschiedener Epochen, Alltägliches wie Kunstvolles.

Die markante Pfarrkirche von Bad Rippoldsau-Schapbach.

Dann durchmesse ich das malerische Tal der Wolfach stromaufwärts und schraube mich hinauf nach Bad Rippoldsau. Jetzt den direkten Weg nach Kniebis einzuschlagen, wäre ein grober Schnitzer, denn der Schlenker über Freudenstadt wird mit einem Kurvenfeuerwerk erster Güte belohnt.

Und damit bin ich schon auf der Pflichtstrecke für jeden Black-Forest-Biker: der berühmten Hochstraße. Die Panoramatrasse von Freudenstadt nach Baden-Baden mit ihren rund 60 Kilometern Länge ist die älteste und bekannteste, ja vielleicht

Kurvenreiche Auffahrt zur Hornisgrinde.

sogar die schönste Touristenstraße des Schwarzwaldes. Flüssig ziehe ich auf einer Höhe von 600 bis 1000 Metern dahin, dabei erhasche ich zauberhafte Blicke über bewaldete Kuppen und den Rhein hinweg bis zu den Vogesen auf französischem Territorium.

Die Tachonadel lasse ich aber nicht aus den Augen, denn Übermut wird von zahlreichen Geschwindigkeitskontrollen im Keim erstickt. Der Mummelsee fliegt vorbei, gleich dahinter ragt der höchste Berg des nördlichen Schwarzwaldes – die Hornisgrinde – mit 1164 Höhenmetern in den weiten Himmel. Jetzt kann es nur noch bergab gehen! Und wie!

Auffahrt zur Roten Lache

Die kurvige Waldpassage nach Raumünzach hinab verwandelt den Teer in eine Tanzfläche, Schräglagenwalzer ist angesagt. Im Murgtal angekommen, bleibe ich nicht lange auf der Schwarzwald-Tälerstraße, denn schon am Ortsende von Forbach wartet ein weiteres Schmankerl auf mich, die Auffahrt zur Roten Lache. Schmal, eng und kurvig geht es auf mäßigem Pass-Belag zwischen Wiesen und Feldern himmelwärts. Ziegen und Schafe, aufgeschreckt vom Sound des hoch-

Hintergrundwissen zum Mummelsee bietet das Hinweisschild.

drehenden Motors, beobachten genervt mein sportliches Treiben.

Hinter der Spielcasino-Stadt Baden-Baden schlage ich den Lenker Richtung Gaggenau ein. Nach den langweiligen Ortsdurchfahrten braucht mein Bike etwas Auslauf und den finde ich auf der Bergetappe rund um die Hohe Wanne.

Wanne? Baden? Richtig – ich befinde mich nun auf der Schwarzwald Bäderstraße, die ich aber bald wieder verlasse, um dem Fahrzeugmuseum Marxzell einen Besuch abzustatten. Mit über 3000 Quadratmetern Ausstellungsfläche ist es eines der größten privaten Technikmuseen Deutschlands. Hier scheint das Chaos zu regieren, jedes noch so kleine Plätzchen wird genutzt, skurrilste Dinge auszustellen. Mittendrin steht der letzte Motorrad-Dinosaurier – die dreisitzige Böhmerland. Über drei Meter lang und 220 Kilogramm schwer, konnte sie, von einem 600er Einzylinder mit 18 PS Leistung angetrieben, immerhin passable 80 Stundenkilometer Höchstgeschwindigkeit erreichen. In den 1930er Jahren wurden rund 3000 dieser Giganten gebaut. Und wie die Dinosaurier sind auch sie ausgestorben.

Puppenstube Loffenau

Ich habe den nördlichsten Punkt und damit auch die Wendemarke meiner heutigen Rundreise erreicht. Nach Bad Herrenalb rolle ich durch die Puppenstube Loffenau mit besonders schönen Fachwerkbauten.

Hinter Gernsbach verlasse ich das Tal der Murg in Hilpertsau, schalte runter und sprinte steil bergauf nach Reichental. Anschließend schwinge ich durch ungezählte Kurven weiter nach Sprollenhaus, wo ich wieder der

Freundlich gesinnte Kühe auf dem Weg zum Brandenkopf.

Bäderstraße begegne. Auf 270 Kilometern verbindet sie Kunst und Kultur, Wellness und Weinberge.

Mit hohem Tempo rausche ich auf einer Schnellstraße schnurstracks durch den finsteren Forst ins sonnige Freudenstadt, dessen Zentrum seit Ende des 16. Jahrhunderts von Deutschlands größtem umbauten Marktplatz geprägt wird. Im weiteren Verlauf der Tälerstraße passiere ich Loßburg mit der Kinzigquelle, deren Wasser das idyllische Kinzigtal schuf. Hier kann man auf eine 900 Jahre lange Brautradition zurückblicken, die eng mit der ehemaligen Benediktinerabtei verbunden ist. Nach dem Leitspruch „Liquida non frangunt ieunum – Flüssiges bricht das Fasten nicht" war es den Mönchen erlaubt, auch während der Fastenzeit Bier zu trinken. Dunkel, fast schwarz, so finster wie die düstersten Ecken des Schwarzwaldes schießt es aus dem Zapfhahn – das Schwarze Pils des Alpirsbacher Brauereimuseums.

Im Rahmen einer Besichtigung unternehme ich eine Zeitreise, historische Maschinen, liebevoll gewartet, tragen noch heute zum Gelingen des untergärigen Gerstensaftes bei. Hier erfahre ich alles über das Bierbrauen, nur das Rezept wird mir verschwiegen. Genau so spritzig wie das flüssige Brot geht es weiter, mal links, mal rechts der Kinzig, treibe ich meinen Bayernboxer nach Schenkenzell, wo im Waldblick eine heiße Dusche und ein kühles Alpirsbacher vom Fass warten. Oder umgekehrt. ◀

Der Markt von Freudenstadt ist Deutschlands größter.

INFOS ZUR TOUR

CHARAKTERISTIK

Die Römer sind schuld! Sie verliehen dem damals mit undurchdringbaren, finsteren Wäldern überzogenen Mittelgebirge den Namen „Silva Nigra" – Schwarzwald. Seine höchste Erhebung ist der Feldberg (1493 m). Die Region hat mehr zu bieten als Bollenhüte, Kuckucksuhren, Schwarzwälder Schinken und Kirschtorte. Auf 160 Kilometern Länge und bis zu 60 Kilometern Breite schenken heute das gut ausgebaute Straßennetz, ein umfangreiches Kultur- und Freizeitangebot, sowie eine hervorragende Küche unvergessliche Urlaubstage. Fahrerfahrung und Kondition sind aufgrund der Streckenlänge und Kurvenzahl von Vorteil.

ÜBERNACHTUNG

Hotel Waldblick

Wer im Waldblick bei Franz und Brigitte Kilgus zu Gast ist, fürchtet den nahenden Abreisetag. Komfortable Zimmer, hervorragende Küche, prima Service, zahlreiche Tourenvorschläge und ein Wirt, der nicht nur seine Töpfe kennt, sondern auch die schönsten Ecken des Schwarzwaldes, lassen die Rückkehr in den Alltag schwer fallen.

www.hotel-waldblick.de

GPS 48.308940, 8.37127

ATTRAKTIONEN

Weiterführende Informationen zu den im Text genannten Sehenswürdigkeiten / Museen im Internet:

Schwarzwälder Freilichtmuseum Vogtsbauernhof
www.vogtsbauernhof.de

Hexenlochmühle
www.hexenlochmuehle.de

Dorotheenhütte Glashütte Wolfach
www.dorotheenhuette.info

Fahrzeugmuseum Marxzell
www.fahrzeugmuseum-marxzell.de

Alpirsbacher Brauereimuseum
www.alpirsbacher.de

Waldeslust

Mit dem Motorrad aufs grüne Dach Europas steigen und dabei den Wald vor lauter Bäumen nicht sehen können. Die Glasstraße führt durch ein grünes Paradies mit unzähligen Kurven und eindrucksvollen Bergstrecken. Landschaftsgenießer und Schräglagenfreaks finden im Bayerischen Wald ein fantastisches Revier, aus dessen dunklen Tiefen manchmal auch der Lockruf des Bieres schallt. Halt boarisch guad!

Fahrt entlang des Kunstwanderwegs über den Dächern Eschlkams.

TOUREN-STECKBRIEF

BASISORT

Spiegelau (48.91176, 13.35346)

STRECKENLÄNGE

ca. 420 km

DAUER DER TOUR

2 Tage

ROADBOOK

Tour 1: Spiegelau, Frauenau, Buchenau, Ludwigsthal, Großer Arbersee, Lohberg, Lam, Furth, Cham, Miltach, Bad Kötzting, Arrach, Bodenmais, Patersdorf, Bischofsmais, Kirchberg, Kirchdorf, Spiegelau (220 km)

Tour 2: Spiegelau, Sankt Oswald, Neuschönau, Mauth, Philippsreuth, Neureichenau, Breitenberg, Wegscheid, Untergriesbach, Hauzenberg, Passau, Waldkirchen, Freyung, Grafenau, Spiegelau (200 km)

Janovice nad Úhlavou
Běhařov
Úborsko
Úhlava
Starý Láz
Hodousice
Strážov
Dešenice
Milence
Děpoltice
Divišovice
Březí
Čachrov
Běšiny
Úloh
Chlístov
Podolí
Střítež
Jindřichovice
Hradiště
Kříštín
Vlčkovice
Brod
Mladice
Buršice
Ústaleč
Letovy
Kolinec
Čejkovy
Zbynice
Budětice
Rabí
Ujčín
Hory Matky Boží
Nemilkov
Mokrosuky
Kašovice
Hrádek
Tedražice
Chotěšov
Velhartice
Hrad Velhartice
Kunkovice
SUŠICE (Schüttenhofen)
Chmelná
Zelená Lhota
CHKO
Onen Svět
Zámyšl
Píchy
Dolní Staňkov
Dražovice
Kadešice
Javorná
Petrovice u Sušice
Rozsedly
Hojsova Stráž
Albrechtice
Hamry
Šumava
Jiřičná
Dolejší Těšov
Dlouhá Ves
Světlá
Královský hvozd
Černé jezero
Chlum
Annín
Hrad Kašperk
Jezerní hora 1343
Čertovo jezero
Gerlova Huť
Hartmanice
Hartmanice (Hartmanitz)
Tuškov
KAŠPERSK (Bergreich
Rovina
Dobrá Voda
Špičák 1202
Lyžařské středisko Špičák
REJŠTEJN (Unterreichenstein)
Nová Hůrka
Šumavské muzeum
Železná Ruda (Markt Eisenstein)
Hrobka rod. Abelů
Brennes
Alžbětín
Lokalbahn Museum
Archeopark
Svojše
Bayerisch Eisenstein
Prášily
Jezero Laka
Arber 1456
Großer Arbersee
Zwieslerwaldhaus
Prášilské jezero
Dolní Zelená Hora
Srní
Zhůří
Großer Falkenstein 1312
Antýgl
Horská Kv
Regenhütte
Nationalpark
Národní park Šumava
Schachtenbach
Haus zur Wildnis
Kreuzstraßl
Ludwigsthal
Spiegelhütte
Silberbergwerk
Lindbergmühle
Jungmaierhütte
Rabenstein
Lindberg
Buchenau
Modrava
Filipova Huť
Brandten
ZWIESEL
Unter-zwieselstein
Oberzwieselstein
Trinkwasser-talsperre Frauenau
Waldmuseum
Dampfsäge
Langdorf
Flanitz
Oberfrauenau
Kohlnberg
Griesbach
Glasmuseum
Pramen Vltavy
Barnzell
Frauenau
Großer Rachel 1453
Březník
Schweinhütt
Rachelsee
Oberasberg
WIESHOF
Flanitzhütte
Racheldiensthütte
Freilichtmu Finsterau
Hönigsgrub
Rinchnach
Lusen 1373
Weißen-stein
Falken-stein
Kasberg
Kohlau
Althütte
Bayerischer Wald
Burg Weißen-stein
Klingen-brunn
Neuhütte
Guglöd
Waldhäuser
Heinrichs-brunn
Eller-bach
Grub
Kirchdorfòd
Großloitzenried
Schlag
Kirchdorf im Wald
Spiegelau
-Riedlhütte
Altschönau
Tier-Freigelände
Hohenröhren
Ebertsried
Beiwald
Reichenberg
National-parkhaus
Kirchberg
Trametsried
Wolfertschlag
Ober-kreuzberg
Höhenbrunn
St. Oswald-
Glashütte
Mitterbichl 2017
Zell
Grünbach
Rametnach
Haslach
Neu-schönau
Raindorf
Unter-mitterdorf
Abtschlag
Epp
Groß-schlag
Rosenau
Schönanger
Dösingerried

S. 24
S. 24

S. 23

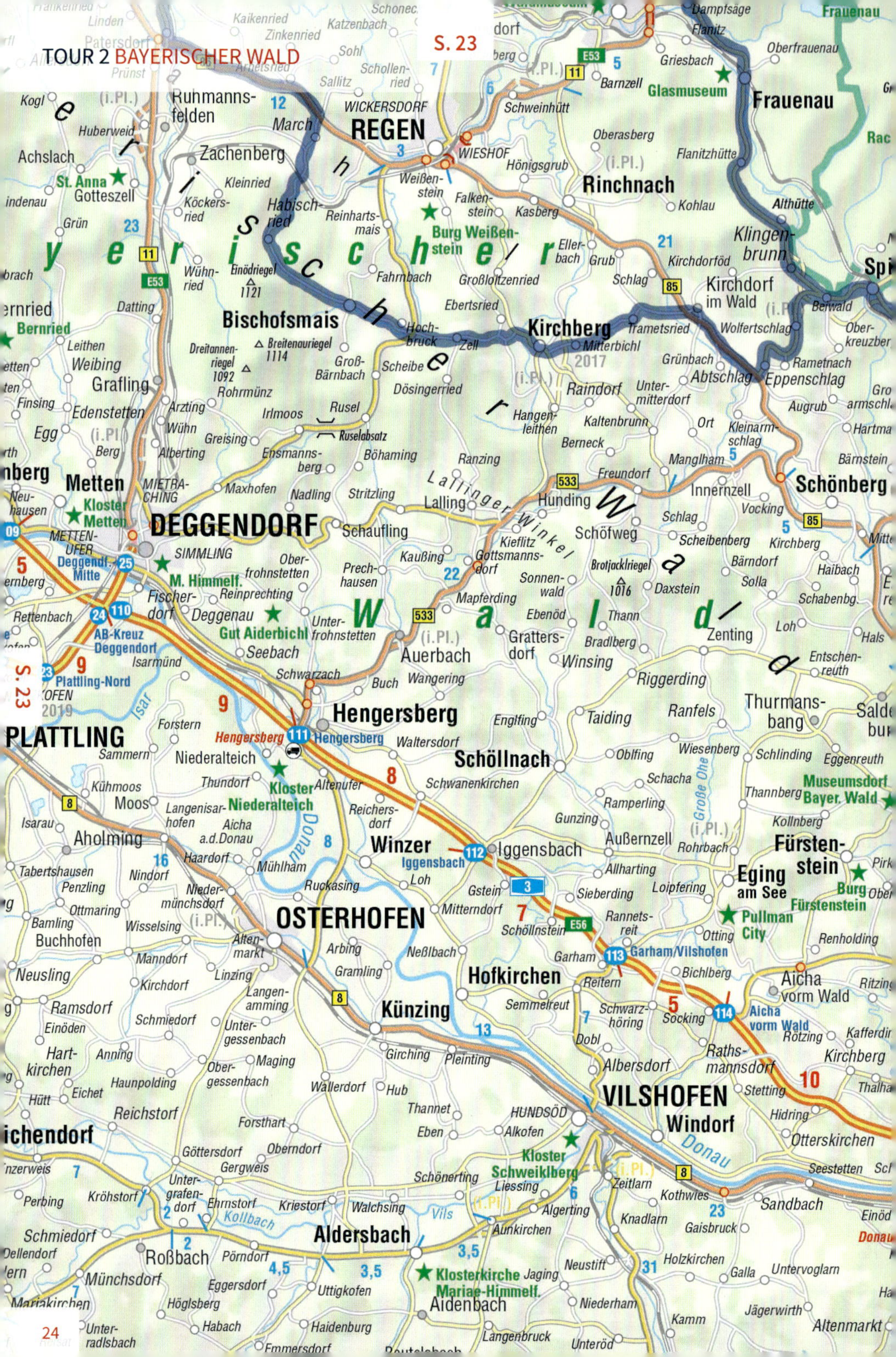
REGEN
WICKERSDORF
WIESHOF
Rinchnach
Frauenau
Glasmuseum
Bayerischer Wald
Burg Weißenstein
Bischofsmais
Kirchberg
Kirchdorf im Wald
Klingenbrunn
Schönberg
Metten
Kloster Metten
DEGGENDORF
M. Himmelf.
Gut Aiderbichl
AB-Kreuz Deggendorf
Plattling-Nord
PLATTLING
Lallinger Winkel
Hengersberg
Schöllnach
Kloster Niederalteich
Winzer
Iggensbach
OSTERHOFEN
Künzing
Hofkirchen
Garham/Vilshofen
Aicha vorm Wald
VILSHOFEN
Windorf
Fürstenstein
Burg Fürstenstein
Eging am See
Pullman City
Museumsdorf Bayer. Wald
Kloster Schweiklberg
Aldersbach
Klosterkirche Mariae-Himmelf.
Aidenbach
Donau
Isar
Vils
Kollbach
Große Ohe
Thurmansbang
Zenting
Auerbach
Grafling
Edenstetten
Aholming
Buchhofen
Moos
Niederalteich
Ruhmannsfelden
Zachenberg
Achslach
St. Anna
Gotteszell
Bernried
Lalling
Schaufling
Hunding
Schöfweg
Aicha a.d.Donau
Ortenburg

S. 23

Borová Lada
Kubova Huť
Šumava
Pramen Vltavy
Bučina
Březnik
Kaplice
Horní Vltavice
Knížecí Pláně
Racheldiensthütte
Freilichtmuseum Finsterau
Zátoň
Hloužná
VOLARY (Wallern)
Kunžvart
Sklářské muzeum
Lenora
Lusen 1373
Finsterau
DEUTSCHLAND
ČESKÁ REPUBLIKA
Guglöd
Heinrichsbrunn
Řasnice
Vlčí Jámy
Hliniště
Waldhäuser
Wald
Dobrá
Altschönau
Tier-Freigelände
Hohenröhren
Hinterfirmiansreut
Mauth
Mitterfirmiansreut
České Žleby
National-parkhaus
St. Oswald-
Glashütte
Vierhäuser
Vorderfirmiansreut
Schwarzenthal
Haslach
Neuschönau
Raimundsreut
Annathal
Philippsreut
Schönanger
Neuhütte
Bischofsreut
Stožec
GRAFENAU
Hohenau
Schönbrunn am Lusen
Aursbergreut
Neudorf
Bierhütte
Heldengut
Nové Údolí
Kreuzberg
Herzogsreut
Theresienreut
Haidmühle
Národní park Šumava
Grotting
Eppenberg
Saulorn
Sonndorf
Hoidel 1167
Wasching
Linden
Hinterschmiding
Ludwigsreut
Neidberg
Buchberg
FREYUNG
Frauenberg
Ringelai
Kaining
Grainet
Haus im Wald
Winkelbrunn
Duschlberg
Aigenstadl
Promau
Hobelsberg
Dreisesselberg 1332
Biberbach
Poxreut
Pittersberg
Grillaberg
Rehberg
Fürholz
Vorderfreundorf
Empertsreut
Geyersberg
Atzesberg
Branntweinhäuser
1379 Plöckenstein
Perlesreut
Marchetsreut
Exenbach
Hinterfreundorf
Waldenreut
Kumreut
Harsdorf
Karlsbach
Böhmzwiesel
Altreichenau
Schimmelbach
Lackenhäuser
Niederperlesreut
Maresberg
Höhenberg
Hintereben
Lämmersreut
Zielberg
Neureichenau
Oberschlag
Eisenbernreuth
Praßreut
Auerbach
Poppenreut
Lackenhäuser
Schwarzenberg i. Mühlkreis
Oberndorf
Richardsreut
Jandelsbrunn
Klafferstraß
Aschberg
Manzing
Schnürring
Loizersdorf
Röhrnbach
St. Peter u. Paul
Gsenget
Panidorf
Erlauzwiesel
Wollaberg
Langbruck
Trasfelden
Iltzrettenbach
Wilhelmsreut
Saßbach
WALDKIRCHEN
Rosenberg
Breitenberg
Tittling
Fürsteneck
Bernhardsberg
Steinerfurth
Gsenget
Vorderanger
Oberpretz
Außernbrünst
Heindlschlag
Rastbüchel
Witzmannsberg
Prag
Gollnerhäuser
Bräuerau
Stallham
Bärnreuth
Holzfreyung
Sonnen
Büchl
Oberneureuth
Hirschenberg
Seitelschlag
Kalteneck
Eberhardsberg
Lichtenau
Gießübl
Neukirchen vorm Wald
Saderreut
Stüblhäuser
Gollnerberg
Aunetzdorf
Raßreuth
Krinning
Julbach
Raßberg
Kaltrum
Tiessenhäusl
Hutthurm
Büchlberg
Kinatöd
Friedrichsberg
Ruderting
Hötzdorf
HAUZENBERG
Thierham
Hochkr
Fischhaus
Kelchham
Berbing
Hinternebelb
Gemannsdorf
Wotzdorf
DEUTSCHLAND
ÖSTERREICH
Gastorf
Straßkirchen
Jahrdorf
Engholdsdorf
Gosting
Kühberg
Schönau
Lacken
Oberdiendorf
Schlott
Kasberg
Meßnerschlag
Haag
Niederbrünst
Pfaffenreut
Hochwinkl
Kramerschlag
Hundsdorf
Salzweg
Thyrnau
Haag
Spechting
Kolle
Thurnreuth
Rassbach
Ruine Reschenstn.
Ziering
Hannersdorf
Wegscheid
Kloster Thyrnau
Fattendorf
Hundsruck
Kroding
Mistlber
Wildenranna
Hals
Grubweg
Satzbach
Unter-griesbach
Oberötzdorf
Hartmannsreut
Mollma reith
Kellberg
Rackling
Ries
Veste Oberhaus
Eidenberg
Wörth
HACKLBERG
ILZSTADT
Erlau
Pölzöd
Ranna-Erholungssee
Reuth
Nottau
Scherteinsöd
Ameisb 940
Neustift
Dom
Erlau
Obernzell
Diendorf
Rannasee
Oberkappel
HAIDENHOF
INNSTADT zu Passau
Lämmersdorf
Amesedt
PASSAU
Freinberg
Dietzendorf
Stollberg
Donau
Karls
Gattern
Esternberg
Schörgeneck
Kasten
Gottsdorf
Ranna

Spiegelau gilt als das Tor zum Nationalpark Bayerischer Wald, der sich zwischen Maut im Südosten und Bayerisch Eisenstein im Nordwesten entlang der tschechischen Grenze erstreckt. Im Oktober 1970 als erster deutscher Nationalpark feierlich eröffnet und bis heute auf über 24 000 Hektar Fläche angewachsen.

Die ersten Kilometer des Tages eignen sich hervorragend zum morgendlichen Einschwingen. Umgeben von dicht bewaldeten Tausendern beschleunige ich auf menschenleerer Trasse, bis ich in Zwieselau den Kleinen Regen erlebe, der seinem Namen nicht gerecht wird, denn anders als vermutet, handelt es sich nicht um nassen Niederschlag, sondern um eine der vielen Wasseradern, die das Mittelgebirge durchziehen.

Die dunklen Forste wurden im 14. Jahrhundert gläsern, als die scheinbar unendlichen Holzvorkommen zum Betrieb von Schmelzöfen genutzt wurden. In den Glashütten entstanden anfangs Trinkgläser, Spiegel- und Fensterscheiben sowie Glasschmuck.

Später folgten dann hochwertige optische Gläser für Mikroskope und Brillen. Die zugehörige Glasstraße wurde 1997 ins Leben gerufen und verbindet auf 250 Kilometer Länge Werkstätten, Ateliers und Verkaufsräume im Bayerischen sowie im Oberpfälzer Wald.

In einem kleinen Nest mit dem lustigen Namen Dampfsäge verlasse ich die Glasstraße. Ein mageres Asphalt-

Orientierungspause am Naturpark Oberer Bayerischer Wald.

band entpuppt sich als erste Wahl. Es windet sich lustvoll um den Riesberg herum und spuckt mich dann in Ludwigsthal an der Einmündung zur B 11 wieder aus. Obwohl weit und breit keine bleigrauen Wolken zu entdecken sind, treffe ich hier auf den Großen Regen. Bei flotter Reisegeschwindigkeit gegen dessen Strom unterwegs, fliegt eine Hinweistafel „Großer Arber" vorbei.

Die Zufahrt zum König des Bayerwaldes, wie der Fast-Fünfzehnhunderter liebevoll betitelt wird, beginnt in Regenhütte und steigt zum idyllisch gelegenen Arbersee auf. An seinem Ufer lädt das im Stil der Kaiserzeit errichtete Gasthaus zur Pause ein. Die Terrasse schenkt traumhafte Ausblicke auf den See und das dahinter steil aufragende Arbermassiv. Diese grandiose Bergwelt stellt nicht nur den Höhepunkt des Bayerischen Waldes dar, auch die mit weiten Schleifen ausgestattete Straße bleibt mit tausend Metern über dem Meeresspiegel weiterhin auf Top-Niveau. Erst mit Passieren des Hexenfelsens stürze ich nach Lohberg ab.

Krieg, Kunst und Kultur

Mit dem Lamer Winkel, der alles andere als lahm daher kommt, bin ich auch im Naturpark Oberer Bayerischer Wald angekommen und erneut auf der Glasstraße unterwegs. Anfangs begleitet mich der Weiße Regen, dann der Höhenzug Hoher Bogen. Mit

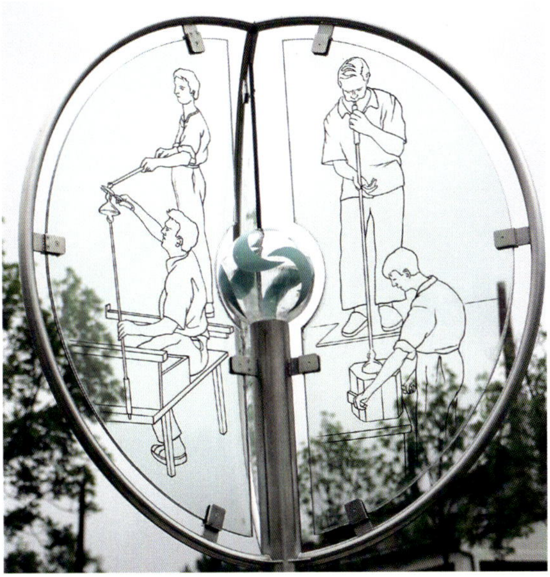

Kunst auf der Glasstraße, die 250 Kilometer lang ist.

bloßem Auge sind dort Relikte des Kalten Krieges zu entdecken: Die Nähe zum verfeindeten Warschauer Pakt ließ die NATO-Partner mit Abhörvorrichtungen gespickte Türme errichten, um viele Jahre den Funkverkehr des Gegners zu belauschen.

Mit Annäherung und Grenzöffnung wurden sie überflüssig und dienen heute als einzigartiger Aussichtspunkt für Wanderer. Meine Art zu Reisen bezeichne ich gerne als Motorradwandern, was liegt da näher, als den Eschlkamer Kunstwanderweg anzusteuern? Über 50 rot-weiße Windsäcke tanzen gut sichtbar im weißblauen Bayernhimmel und symbolisieren den frischen Wind, der mit dem Fall des Eisernen Vorhangs im Grenzgebiet Einzug hielt.

Um unterschiedliche Weltanschauungen ging es auch im benachbarten

Große Skulpturen sind am Kunstwanderweg zu entdecken.

Furth. Dort standen sich im finstersten Mittelalter zwei mächtige Männer gegenüber: Der abtrünnige Prediger Jan Hus mit seinen böhmischen Gefolgsleuten stritt mit dem Abgesandten des Papstes und seinen Truppen über den wahren und einzigen Glauben, als sich eine alte Prophezeiung erfüllt und sich ein grauenvolles Untier erhebt, das Tod und Verwüstung bringt. Die Legende vom Further Drachenstich war geboren und wird jährlich mit dem Abstechen des riesigen Lindwurms bühnenreif in Szene gesetzt.

Alles hat mal ein Ende, ich verlasse wieder einmal die Glasstraße und presche auf der B20 durch die Cham-Further-Senke nach Cham, der ältesten Stadt des Bayerischen Waldes. Im überschaubaren Städtchen rolle ich durch das Biertor, denn die Kunst des Brauens ist seit Jahrhunderten untrennbar mit der Region verwoben. Kein Wunder, denn was nützt das schönste Bierglas, wenn es nichts Süffiges enthält?

Teuflisch gut

Als durch und durch optimistisch gestimmter Zeitgenosse bin ich mir ziemlich sicher, heute nicht im Regen zu stehen, denn eine Brücke führt mich mit trockenen Reifen hinüber.

Prickelnd wie frisch gezapfter Gerstensaft geht es weiter. Tadelloser Teer schmiegt sich an die weiten Radien des Wasserlaufs bis nach Pulling, wo durch das Zusammentreffen von

Weißer und Schwarzer Regen der eigentliche Fluss Regen entsteht, der nach gut hundert Kilometern in die Donau münden wird.

Das Kneippheilbad Kötzting ist schon lange aus meinem Rückspiegel verschwunden, als ich in Arrach wieder auf die Glasstraße treffe. Die Bergstrecke nach Arnbruck windet sich über nicht zu enge Serpentinen stetig bergan und findet ihren Scheitelpunkt auf 800 Meter Höhe zwischen Großer Riedelstein und Mühlriegel.

Mit reichlich Schwung lasse ich meine Maschine am Südwesthang des Arbermassivs nach Bodenmais rollen. Damit im Naturpark Bayerischer Wald angekommen, hüpfe ich in Teisnach über den Schwarzen Regen und schwenke auf die B 85 ein, der berühmten Bier- und Burgenstraße, die hier parallel zum Höhenzug Pfahl verläuft. Der Pfahl ist eine Bruchlinie in der Erdkruste, die 150 Kilometer quer durchs Land zieht und den Hinteren vom Vorderen Bayerischen Wald trennt. Mit dem sogenannten Teufelstisch wartet eine geologische Besonderheit auf mich.

Das 900 Meter hohe, seltsam geformte Steingebilde an der Nebenstrecke nach Bischofsmais bildet eine gelungene Kulisse für verschiedene Sagen. Eine handelt davon, dass der Teufel gerade beim Mittagessen an seinem „Teufelstisch" saß, als das Glo-

Mit zwei PS geht es durch das Biertor von Cham.

ckengeläut von St. Hermann ertönte. Voller Entsetzen und Wut ließ Luzifer sein Essen zurück und flüchtete. Die Mahlzeit, einen Schweinsbraten mit Knödeln, soll man angeblich heute noch versteinert finden.

Und weil Motorradfahren mit knurrendem Magen keinen Spaß macht, nehme ich die facettenreiche Feldwaldundwiesenetappe über Kirchdorf nach Spiegelau im gestreckten Galopp unter die Räder.

Heilende Kräfte

Heute lockt das Dreiländereck Tschechien – Österreich – Deutschland. Glasklare Sache, ich bin wieder auf der Glasstraße unterwegs. Der Bayernboxer hat seine Betriebstemperatur noch nicht ganz erreicht, als ich im Wallfahrtsort Sankt Oswald zum schneeweißen Kloster aufschaue, dessen einzigartiger Felsenquelle einst heilende Kräfte für Mensch und Tier zugeschrieben wurden. Gut zu Tieren ist man auf jeden Fall im benachbarten Neuschönau: Das dortige Infozentrum Nationalpark Bayerischer Wald verfügt über ein riesiges Freigelände, auf dem sich rund 40 heimische Tierarten tummeln.

Nicht die Begegnung mit Wölfen und Wildschweinen, Bären und Luchsen sorgt bei mir für Adrenalin, sondern die schmale, verwinkelte Straße durch Ostbayerns Urwald, der nicht umsonst gerne als Grünes Dach Europas bezeichnet wird. Auf dem Ab-

Die für den bayerischen Raum typischen Totenbretter dienten erst als Transportmittel und dann als Grabstein.

schnitt Mauth – Philippsreut – Haidmühle scheint die tschechische Grenze zum Greifen nahe, bis sich die bizarren Granitblöcke des über 1300 Meter aufragenden Dreisesselberg-Massivs dazwischen drängen.

Erst hinter Jandelsbrunn findet die dünne Asphaltader zurück an die Grenze, diesmal ist es allerdings die österreichische. Aus dem Nachbarland stammte der Dichter und Maler Adalbert Stifter (1805 – 1868), dem ganz in der Nähe ein eigenes Museum gewidmet ist. Sein Zitat: „Sag niemals, dass etwas schön ist, bevor Du nicht den Bayerischen Wald gesehen hast“, hat auch heute noch eine gewisse Berechtigung.

In der Dreiflüssestadt

Die Glasstraße muss einen Seitensprung verkraften, die sich anschließende Tannenwaldetappe Breitenberg – Wegscheid lockt. Sie legt sich dabei mächtig ins Zeug und ich mich mit ihr in die Kurven. Kurz darauf gelange ich nach Passau am Zusammenfluss von Donau, Inn und Ilz. Kein Schild hindert mich, die nach einem historischen Großbrand im Jahre 1662 von italienischen Architekten neu gestaltete Altstadt mit dem geliebten Zweirad zu besuchen.

Hinter mir der barocke, dreikuppelige St. Stephansdom, der zu den größten Gotteshäusern nördlich der Alpen zählt. Vor meinen Füßen die Donau und darüber die steil aufragende, um 1200 erbaute Veste Oberhaus, die zusammen mit der Veste Niederhaus die Dreiflüssestadt vor feindlichen Angriffen schützen sollte.

Auf dem Weg zur Dreiflüssestadt Passau tut sich manch überraschender Donaublick auf.

Hallo Glasstraße, da bin ich wieder! Auf den zurückliegenden Kilometern fast schon schwindelig gefahren, wirkt die B 12 mit ihrem Schnellstraßencharakter geradezu langweilig.

Kein Wunder, dass ich mich schon bald in die Büsche schlage und der Themenstraße allzu gern nach Waldkirchen folge. Die dortige Stadtpfarrkirche St. Peter und Paul ist zwar nicht ganz so groß und bedeutend wie das Passauer Pendant, wird aber aufgrund

Passau lässt sich bestens vom Wasser aus betrachten.

ihrer imponierenden Ausmaße trotzdem gerne als „Dom des Bayerischen Waldes" betitelt.

Früher, in der guten alten Zeit, ging es nach dem Gottesdienst ins Wirtshaus, heute besuche ich die kürzlich eröffnete Penninger-Destillerie, die neben Whiskey und Gin den „Bärwurz" herstellt, einen 40-prozentigen Wurzelschnaps. Doch halt, wie war das mit dem Fahren und dem Alkohol? Nur gucken, nicht anfassen! Weiter geht´s, denn das nächste altehrwürdige Gemäuer ist nicht weit entfernt.

Kaum habe ich die Gänge ein paar Mal rauf und runter gespielt, taucht im Luftkurort Freyung Schloss Wolfenstein am linken Lenkerende auf. Dass die Ursprünge auf eine wehrhafte Burg aus dem 13. Jahrhundert zurück gehen, lässt sich nicht leugnen, der Bau kommt eher schlicht daher. Was das Schloss an Schnörkeln vermissen lässt, findet sich auf der kurvenreichen Etappe nach Grafenau: Eine Motorradstrecke, die sich sehen lassen kann, der grüne Beistrich auf der Generalkarte hält, was er verspricht.

In der Bärenstadt Grafenau stelle ich die Weichen neu und biege nach Spiegelau ab. Meine Runde durch das große Waldgebirge im Osten Bayerns nähert sich dem Ende und ich bin gespannt, ob am Abend das Bayerische Brauwesen mit den hiesigen Glasbläserkünsten eine durststillende Symbiose eingeht. Hopfen und Malz, Gott erhalt's … ◀

INFOS ZUR TOUR

CHARAKTERISTIK

Das „Grüne Dach Europas“, das größte zusammenhängende Waldgebiet unseres Kontinents, zieht sich über eine Länge von rund 150 Kilometern entlang der tschechisch-deutsch-österreichischen Grenze. Die nördlichen Ausläufer des mächtigen Höhenzuges bilden den Bayerischen Wald, der sich mit dem Nationalpark und zwei Naturparks gleich drei Schutzgebiete leisten kann. Der Vordere Bayerische Wald steigt im Westen von der Donau moderat an und geht in den bis zur Grenze reichenden Hinteren Bayerischen Wald über, dessen Gipfel vom Großen Arber (1456 m) markiert wird. Die von unzähligen Wasserläufen geprägte Region ist auch von einem dichten Netz unterschiedlich anspruchsvoller Straßen durchzogen. Eine Fülle von Ausflugszielen sorgt für Kurzweil.

ÜBERNACHTUNG

Hotel Waldfrieden

Gepflegte Gastlichkeit ist für Franz Treml und sein Team kein Fremdwort. Das familiär geführte Haus bietet neben komfortablen Zimmern und einer abwechslungsreichen Küche einen großzügigen Wellnessbereich mit Sauna und Hallenbad. Kartenmaterial, Tourenvorschläge und Garage sind Selbstverständlichkeiten.

www.hotelwaldfrieden.de

GPS 48.9115, 13.35408

ATTRAKTIONEN

Weiterführende Informationen zu den im Text genannten Sehenswürdigkeiten / Museen im Internet:

Wissenswertes zur Glasstraße
www.die-glasstrasse.de

Arberseehaus
www.arberseehaus.de

NATO-Türme Hoher Bogen
www.sektor-f.de

Besucherzentrum Penninger Waldkirchen
www.penninger.de

Infozentrum Nationalpark Bayerischer Wald
www.nationalpark-bayerischer-wald.bayern.de

Schöne
Bescherung

Man muss weder an den Weihnachtsmann glauben, noch artig gewesen sein und wird trotzdem reich beschenkt, denn im Erzgebirge ist immer Weihnachten! Das sächsische Kurveneldorado lässt Biker-Augen leuchten und beschert reichlich Fahrspaß zwischen Weihnachtspyramiden, Schwibbögen und Nussknackern, sowie Sehenswürdigkeiten, die aufgrund ihres King-Size-Formats unter keinen Tannenbaum passen.

Der Stausee Dittmannsdorfer Teich liegt unmittelbar an der B 171.

WEIDA
BERGA
Seelingstädt
Langenbernsdorf
WERDAU
Neukirchen
MOSEL
Crossen
Lichtentanne
WILKAU-HASSLAU
Fraureuth
Mohlsdorf
Neumark
Oberes Schloss Greiz
GREIZ
REICHENBACH
MYLAU
NETZSCHKAU
Göltzschtalbrücke
ELSTERBERG
LENGENFELD
Freizeitpark Plohn
RODEWISCH
Steinberg
Schönheide
Pöhl
Kletterwald Pöhl
Talsperre Pöhl
Drachenhöhle
TREUEN
Drei Türme Stadt
AUERBACH/Vogtl.
PLAUEN
Alte Elsterbrücke
Altes Rathaus
Ellefeld
FALKENSTEIN
Vogtland
Grünbach
Tannenbergsthal
Hammerbrücke
Muldenberger Stausee
OELSNITZ
SCHÖNECK
Kletterwald Schöneck
KLINGENTHAL
Dom zu Zwickau
Horch-Museum
Burg Altschönfels
Mühlental

ERNSTTHAL
Sachsen-ring
OBER-LUNGWITZ
Neukirchen
Schloss Klaffenbach
Einsiedel
Erzgebirgsblick
Gornau
Gersdorf
Hohndorf
LUGAU
Burkhardtsdorf
Amtsberg
OELSNITZ
Niederwürschnitz
Jahnsdorf
Zschopautal
Stollberg-Nord
Niederdorf
Meinersdorf
Erzgebirgsbad
STOLLBERG
THALHEIM
Gornsdorf
Gelenau
Drebach
HOHENECK
Neuwürschnitz
Ortmannsdorf
Hartenstein
HARTENSTEIN
Burg Stein
THUM
EHRENFRIEDERSDORF
Greifensteine
ZWÖNITZ
GEYER
Papiermühle
LÖSSNITZ
Schlema
SCHNEEBERG
St. Wolfgang
Sparkassen-Erzgebirgsstadion
AUE
-BERNSBACH
GRÜNHAIN
ELTERLEIN
ANNABERG
BUCHHOLZ
Frohnauer Hammer
St.-Annen-K.
Schl. Schlettau
SCHLETTAU
Zschorlau
LAUTER-
Beierfeld
SCHEIBENBERG
SCHWARZENBERG
Schloss Schwarzbg.
Raschau
Markersbach
Crottendorf
Bärenstein
Vejprty
Neudorf
Rittersgrün
Breitenbrunn
Erzgebirge
DEUTSCHLAND
ČESKÁ REPUBLIKA
Fichtelberg 1215
OBERWIESENTHAL Kurort
Boží Dar
Božídarské rašeliniště
Klínovec 1243
Klášter Mariánská
JÁCHYMOV (St. Joachimsthal)
Královská mincovna
Hauenstejn
JOHANNGEORGENSTADT
Frisch Glück
EIBENSTOCK
Auersberg 1018
Pisková skála 961
Horní Blatná
Nové Hamry
Pernink
Abertamy
Merklín
S. 38

TOUREN-STECKBRIEF

BASISORT

Bärenstein (50.51624, 13.04112)

STRECKENLÄNGE

ca. 500 km

DAUER DER TOUR

2 Tage

ROADBOOK

Tour 1: Bärenstein, Oberwiesenthal, Johanngeorgenstadt, Schöneck, Moschwitz, Netzschkau, Rodewisch, Hundshübel, Oberpfannenstiel, Geyer, Scharfenstein, Thermalbad Wiesenbad, Bärenstein (260 km)

Tour 2: Bärenstein, Olbernhau, Deutschneudorf, Seiffen, Cämmerswalde, Altenberg, Lauenstein, Dippoldeswalde, Frauenstein, Sayda, Marienberg, Plattenthal, Bärenstein (240 km)

S. 37

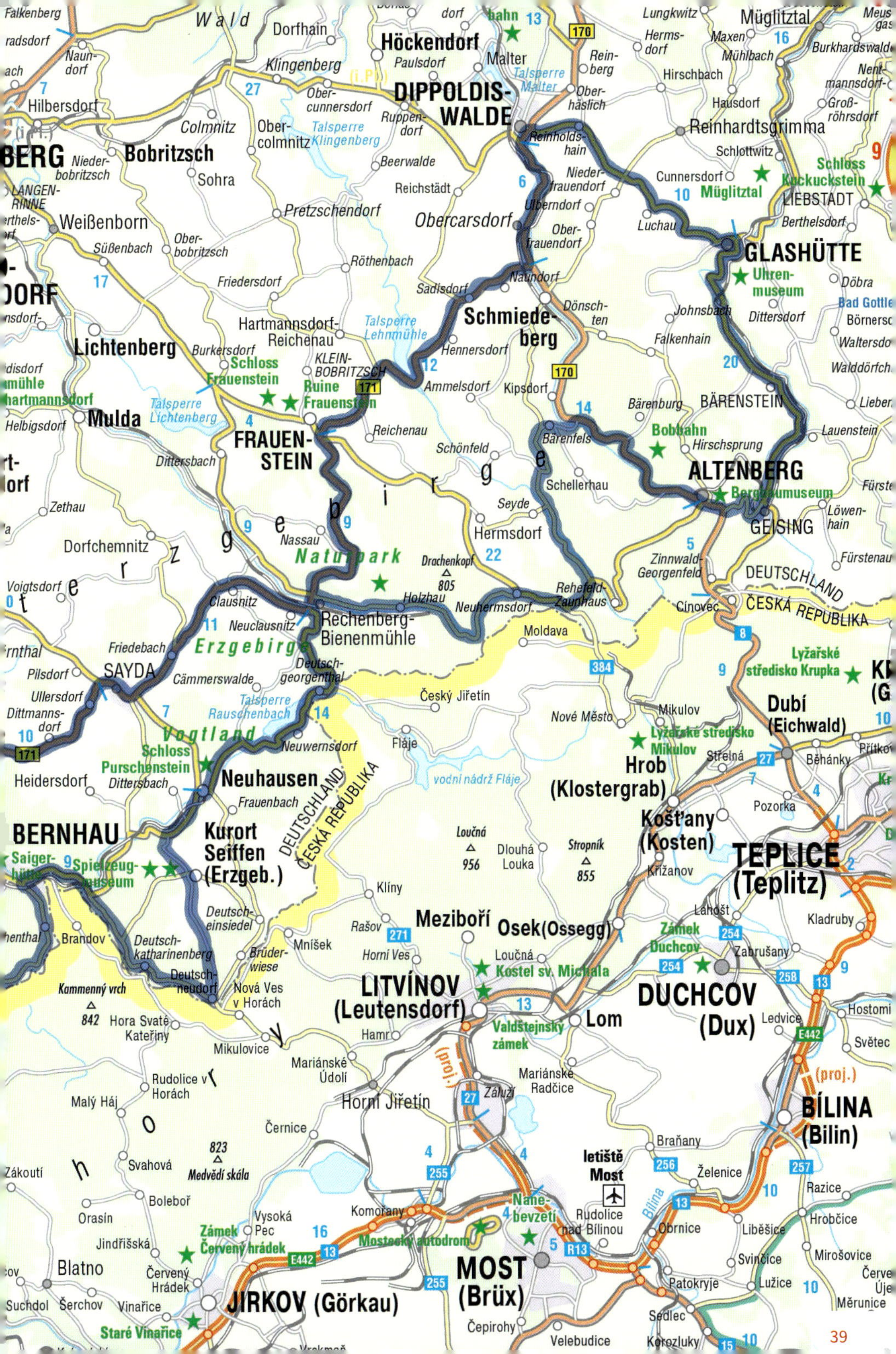
Wald
Dorfhain
Höckendorf
Malter
Lungkwitz
Müglitztal
Klingenberg
Paulsdorf
Talsperre Malter
Hermsdorf
Maxen
Mühlbach
Burkhardswalde
Hilbersdorf
Obercunnersdorf
DIPPOLDISWALDE
Reinberg
Oberhäslich
Hirschbach
Hausdorf
Colmnitz
Obercolmnitz
Talsperre Klingenberg
Ruppendorf
Reinhardtsgrimma
BERG
Niederbobritzsch
Bobritzsch
Beerwalde
Reinholdshain
Schlottwitz
Sohra
Reichstädt
Niederfrauendorf
Cunnersdorf
Schloss Kuckuckstein
LANGENRINNE
Müglitztal
LIEBSTADT
Weißenborn
Pretzschendorf
Obercarsdorf
Ulberndorf
Luchau
Berthelsdorf
Süßenbach
Oberbobritzsch
Oberfrauendorf
GLASHÜTTE
Röthenbach
Uhrenmuseum
Dörba
Friedersdorf
Naundorf
Sadisdorf
Dönschten
Johnsbach
Bad Gottleuba
DORF
Hartmannsdorf-Reichenau
Talsperre Lehnmühle
Schmiedeberg
Dittersdorf
Börnersdorf
Lichtenberg
Burkersdorf
KLEIN-BOBRITZSCH
Hennersdorf
Falkenhain
Waltersdorf
Schloss Frauenstein
Ruine Frauenstein
Ammelsdorf
Kipsdorf
Walddörfchen
Talsperre Lichtenberg
Bärenburg
BÄRENSTEIN
Helbigsdorf
Mulda
FRAUENSTEIN
Reichenau
Bärenfels
Bobbahn
Hirschsprung
Lauenstein
Schönfeld
Dittersbach
ALTENBERG
Schellerhau
Bergbaumuseum
Zethau
Seyde
GEISING
Löwenhain
Nassau
Hermsdorf
Dorfchemnitz
Naturpark
Drachenkopf 805
Zinnwald-Georgenfeld
Fürstenau
Voigtsdorf
Erzgebirge
Clausnitz
Holzhau
Neuhermsdorf
Rehefeld-Zaunhaus
DEUTSCHLAND
Cínovec
ČESKÁ REPUBLIKA
Neuclausnitz
Rechenberg-Bienenmühle
Moldava
Friedebach
Pilsdorf
SAYDA
Cämmerswalde
Deutschgeorgenthal
Lyžařské středisko Krupka
Ullersdorf
Dittmannsdorf
Talsperre Rauschenbach
Český Jiřetín
Mikulov
Dubí (Eichwald)
Nové Město
Vogtland
Schloss Purschenstein
Neuwernsdorf
Fláje
Lyžařské středisko Mikulov
Střelná
Běhánky
Heidersdorf
Dittersbach
Neuhausen
vodní nádrž Fláje
Hrob (Klostergrab)
Frauenbach
Pozorka
BERNHAU
Kurort Seiffen (Erzgeb.)
Loučná 956
Dlouhá Louka
Stropník 855
Košťany (Kosten)
TEPLICE (Teplitz)
Saigerhütte
Spielzeugmuseum
Křižanov
Klíny
Deutscheinsiedel
Rašov
Meziboří
Osek (Ossegg)
Lahošť
Kladruby
Brandov
Deutschkatharinenberg
Mníšek
Brüderwiese
Horní Ves
Zámek Duchcov
Zabrušany
Loučná
Kostel sv. Michala
Kammenný vrch 842
Deutschneudorf
Nová Ves v Horách
LITVÍNOV (Leutensdorf)
DUCHCOV (Dux)
Hora Svaté Kateřiny
Lom
Ledvice
Hostomice
Valdštejnský zámek
Hamr
Světec
Mikulovice
Mariánské Údolí
Mariánské Radčice
Rudolice v Horách
(proj.)
BÍLINA (Bilin)
Malý Háj
Horní Jiřetín
Záluží
Černice
823 Medvědí skála
Brňany
Zákoutí
Svahová
letiště Most
Želenice
Bolebor
Nanebevzetí
Razice
Orasín
Vysoká Pec
Komořany
Rudolice nad Bílinou
Bílina
Obrnice
Liběšice
Hrobčice
Jindřišská
Zámek Červený hrádek
Mostecký autodrom
Svinčice
Mirošovice
Blatno
Červený Hrádek
MOST (Brüx)
Patokryje
Lužice
Suchdol
Šerchov
Vinařice
JIRKOV (Görkau)
Sedlec
Měrunice
Staré Vinařice
Čepirohy
Velebudice
Korozluky

Beim ersten Hahnenschrei gehört das Fichtelberg-Plateau den Frühaufstehern alleine.

Kindheitserinnerungen werden wach: Die Modelleisenbahn ist aufgebaut, die Weihnachtspyramide dreht sich, der Wunschzettel längst geschrieben. Im Fichtenhäusel ist ganzjährig Festtagsstimmung angesagt, denn im Gastraum bringt der Fichtenexpress Getränke an die Tische und im Außenbereich sorgt eine überdimensionierte Pyramide für Bewunderung. Meine Wünsche für die Tour durch den Naturpark Erzgebirge / Vogtland sind bescheiden: Unendlich viele Kurven und besonders imposante Ziele!

Das Fichtenhäusel liegt idyllisch im Pöhlagrund.

Anfangs säumen der murmelnde Pöhlbach und bemooste Felsen den schmalen Asphalt entlang der tschechischen Grenze. Mit Einschwenken auf die breite B 95 tritt der menschenleere Wald zurück und macht den Weg frei zum Dach Sachsens, wie der 1215 Meter aufragende Fichtelberg gerne genannt wird. Ein ganzes Stück hinter dem Wintersportort Oberwiesenthal, der höchstgelegenen Stadt Deutschlands, zweigt die kehrenlose, aber keineswegs reizlose Straße zum Gipfel ab. Es ist noch früh, der Motorrad-Parkplatz vor dem Fichtelberghaus und das umwerfende Panorama gehören mir ganz alleine.

Als die ersten Busse anrollen, nehme ich Reißaus und steuere den Bikertreff Ehrenzipfel an. Auch hier ist noch nichts los, was sich aber schnell ändern wird, wenn der Imbiss um elf Uhr öffnet und seine Leckereien anbietet. So kann ich mir in aller Ruhe den aus Schrott und Traktorreifen zusammengewürfelten, übergroßen Chopper anschauen, gegen den mein dicker Bayern-Boxer geradezu winzig wirkt.

Wahre Giganten

Immer auf Tuchfühlung mit der Grenze nimmt mich am Ortsanfang von Rittersgrün eine überaus schön geschwungene Waldstrecke in Empfang und übergibt mich wenig später an das Schwarzwasser. Mit dessen tatsächlich tiefdunklem Nass erreiche ich schließlich Johanngeorgenstadt: die Stadt des Schwibbogens. Im Dezember 2012 wurden hier die elektrischen Kerzen des größten freistehenden Schwibbogens der Welt eingeschaltet.

Eine gigantische Weihnachtsbeleuchtung aus über 700 Tonnen Stahl und Beton. Nur zwei Jahre später gesellte sich gleich nebenan ein weiterer einzigartiger Riese dazu: die 26 Meter hohe Pyramide mit elf Meter Flügelspannweite. Weil im Erzgebirge immer Weihnachten ist, dreht sie sich ganzjährig.

Meine Räder rotieren deutlich schneller, als ich auf der kurzweiligen Etappe am Fuße des knapp über tausend Meter hohen Auersberg entlang die westlichste Ecke des Naturparks Erzgebirge / Vogtland erreiche. Als erster Deutscher griff der DDR-Offizier Sigmund Jähn 1978 als Mit-

In Johanngeorgenstadt wurden 700 Tonnen Stahl und Beton für den größten freistehenden Schwibbogen der Welt verarbeitet.

glied einer russischen Weltraum-Crew nach den Sternen. In der Raumfahrtausstellung seines Geburtsortes Morgenröthe-Rautenkranz wurden

In Johanngeorgenstadt steht auch die weltweit größte Freilandpyramide (linke Seite). In Morgenröthe-Rautenkranz erinnert die Raumfahrtausstellung an den DDR-Kosmonauten Sigmund Jähn (links).

zahlreiche Exponate liebevoll zusammengestellt und geben einen tollen Einblick in die Erforschung des Alls.

Ich lenke mein irdisches Expeditionsmobil an der Zwickauer Mulde entlang, deren klares Nass bei Schöneck entspringt und den Stausee Muldenberg speist. Kurz darauf passiere ich das kleinere Wasserreservoir bei Werda und treffe dann auf die zerklüftete, deutlich größere Talsperre Pöhl.

Die glitzernde Wasserfläche wird äußerst dekorativ von 400 Meter hohen Bergen eingerahmt, bis sich am nördlichen Zipfel das Landschaftsbild deutlich ändert und mein Weg an Ackerflächen und Dörfern vorbei ins Tal der Göltzsch führt. Mitte des 19. Jahrhunderts wurde in der Nähe von Netzschkau die größte Ziegelsteinbrücke der Welt errichtet. Der Bau des auf 98 Rundbögen ruhenden Eisenbahn-Viadukts verschlang die unvorstellbar große Zahl von 26 Millionen Steinen.

Durch unverfälschte Natur

Die windungsreiche Göltzschtalstraße legt mir keine Steine in den Weg, ganz im Gegenteil, sie geleitet mich völlig stressfrei durch unverfälschte Natur bis nach Rodewisch, wo ich auf die B 169 abbiege und damit zurück ins Erzgebirge kehre. Die traditionsreiche Brauerei Wernesgrüner lasse ich links liegen und beschleunige bergan, um Sachsens größten Speichersee, die Talsperre Eibenstock anzusteuern, die ebenfalls von der Zwickauer Mulde mit reichlich Nachschub versorgt wird.

Die Göltzschtalbrücke ruht auf 98 Rundbögen. Die Talsperre Eibenstock hat das größte Fassungsvermögen und die höchste Staumauer Sachsens (von oben nach unten).

Hinter Hundshübel schickt mich ein schmales Asphaltband durch den dunklen Wald hinauf zum Bikertreff Talsperrenblick. Weil der aber wenig einladend wirkt, gebe ich der GS die Sporen und lasse mich von der mäandernden Mulde und der B 283 in Richtung Aue schwemmen.

Als Sammler kurioser Ortsnamen lockt mich dort der Weiler Oberpfannenstiel, den ich als Sprungbrett für die anstehende Feldwaldundwiesen-Etappe zu den Greifensteinen nutze. Die bis über 700 Meter aufragende Felsformation birgt im Inneren die sogenannte Stülpner-Höhle, einstiger Rückzugsort des Robin Hood des Erzgebirges: Karl Stülpner.

Nicht weit entfernt thront Burg Scharfenstein uneinnehmbar auf einem Felssporn hoch über dem Zschopautal. 1762 wurde Stülpner dort geboren, wuchs in einfachen Verhältnissen auf, lebte als Wilderer unbehelligt in den weiten Wäldern und unterstützte die Dorfbevölkerung, bis er 1841 blind und arm in Scharfenstein verstarb.

Kurvenräubern kommt mir nicht in den Sinn, denn das enge Zschopautal mit seinen steil aufragenden Felswänden müssen sich Straße, Schiene und Wasserlauf teilen. Die Rückfahrt zum

Mit 750 Dienstjahren gilt Burg Scharfenstein als einer der ältesten Herrschaftssitze Sachsens.

Das Olbernhauer Reiterlein zählt zu den bekanntesten Holzschnitzarbeiten des Erzgebirges.

Hotel gestaltet sich einfach, aus dem Thermalbad Wiesenbad brauche ich nur dem Pöhlbach stromaufwärts bis nach Bärenstein folgen.

Im Spielzeugdorf

Unmittelbar nach dem opulenten Frühstück wirft sich im dunklen Wald auch schon die erste Kehre vor meine Pneus. Kurz darauf gelange ich entlang der historischen Gleise der Preßnitztalbahn nach Steinach, um von dort aus dem Kamm des Erzgebirges nordostwärts zu folgen. Auch diese Straße schmiegt sich an die Grenze zu Tschechien und windet sich dabei über aussichtsreiche Höhen und durch enge Täler. Während am linken Spiegel mächtige Felsen neben dem schmalen Teer aus dem Boden wachsen, gluckert rechts ein kleiner Bach durch den dunklen Wald.

Wieder im Tageslicht angekommen, stoppe ich am Olbernhauer Reiterlein, ein schneeweißes Schaukelpferd, das einen rotgewandeten Kavalleristen trägt, aus Holz und übergroß. Viel kleiner kam dieses Ensemble 1935 zu Ehren, als es hier millionenfach gefertigt, den Spendern für das Winterhilfswerk als Dankeschön überreicht wurde.

Erzgebirgisches Holzspielzeug kann auf eine lange Tradition zurückblicken: Ausgebeutete Gruben führten zum Niedergang des seit dem Mittelalter florierenden Bergbaus und zwangen zur Neuorientierung. Was lag da näher, als die umliegenden Wälder für die aufstrebende Holzverarbeitung zu nutzen? In liebevoller Handarbeit gefertigte Weihnachtspyramiden, Engel und Räuchermännchen machten den kleinen Ort Seiffen berühmt und verschafften ihm den Beinamen Spielzeugdorf. Zur 650-Jahr-Feier wurde ein vier Meter großer Nussknacker, der „Musketier“, geschaffen, der aber nach den Festivitäten in Vergessenheit geriet. Fast 20 Jahre später wiederentdeckt und restauriert, erhielt der hölzerne Riese 1991 sogar ein eigenes Schutzhäuschen.

Die Zeit verfliegt

Als Häuschen kann man das nahegelegene Schloss Purschenstein nicht bezeichnen. Der prachtvolle Bau entstand aus einer Burg, die einen historischen Handelsweg ins benachbarte Böhmen schützen sollte.

Was am Himmel über der ehemaligen DDR unterwegs war, kann ich im klitzekleinen Flugzeugmuseum Cämmerswalde bestaunen: ein Passagierflugzeug Iljushin IL 14, einen Kampf-

jet MIG 21 und einen Hubschrauber MI-2. Nach den Einblicken in die überholte Luftfahrttechnik bleibt sogar noch Zeit für einen Kaffee im gemütlichen Biergarten.

Die Etappe zum nächsten betagten Gemäuer ist ganz nach meinem Geschmack: Gespickt mit Biegungen aller Güteklassen, lässt mich eine charaktervolle Nebenstrecke durch finstere Forste flitzen, über runde Kuppen hüpfen und in tiefe Senken stürzen, bis ich in Lauenstein mit einem zufriedenen Lächeln den Zündschlüssel ziehe. Das gleichnamige Renaissanceschloss thront hoch über dem bildhübschen Müglitztal, von dem schon König Johann von Sachsen schwärmte.

Nur allzu gern folge ich dem gewundenen Wasserlauf und erreiche Glashütte, wo die Zeit gemacht wird. Seit mehr als 170 Jahren tickt es hier unaufhörlich und äußerst präzise, denn der Ort gilt als Olymp deutscher Uhrmacherkunst. Die Blicke auf die schmucklose Digitaluhr im Cockpit und die Straßenkarte im Tankrucksack machen deutlich, dass es langsam Zeit für eine Wende wird.

Fahrspaß satt!

Bei Dippoldiswalde schwenke ich auf die Deutsche Alleenstraße ein und die B 171 hält, was der Faltplan versprach -

Das Schloss Purschenstein entstand aus einer trutzigen Burg. Das Flugzeugmuseum Cämmerswalde gewährt Einblicke in die DDR-Fluggeschichte (von oben nach unten).

Fahrspaß satt! Nach einem Schlenker um die Talsperre Lehnmühle fliegt die von weitem sichtbare Burgruine Frauenstein vorbei, die zu den schönsten und größten der Republik zählt.

Um 1200 zum Schutz großer Silberfunde erbaut, ist sie heute das Wahrzeichen des Ortes. Nu gugge ma da, wie der Sachse sagen würde, in Bienenmühle-Rechenberg war ich heute doch schon mal. Ich quere das dunkle Wasser der Freiberger Mulde, steige zur hochgelegenen Bergstadt Sayda auf und zirkel anschließend über herrlich runde Kurven hinab ins Tal der Flöha. Sie und ihre sechs Nebentäler schenken Olbernhau den Beinamen „Stadt der sieben Täler".

Marienbergs Stadtgründer Herzog Heinrich der Fromme ist auf dem Marktplatz eine Statue gewidmet..

Der nördliche Ortsrand entlässt mich ins nicht weit entfernte Marienberg, das seinen Ursprung den reichen Bodenschätzen der Region verdankt. Im 12. Jahrhundert wurden erste Silbervorkommen entdeckt. Von da an erschall immer wieder das so genannte „Bergkgeschrey" – die Bekanntmachung neu entdeckter Rohstofflager.

Rund 400 Jahre später taucht der Begriff Erzgebirge erstmalig auf, weil neben Zinn und Silber große Erzvorkommen entdeckt wurden. Mehr als 1000 Zechen sorgten für Arbeit und Brot, der große Zustrom von Bergleuten veranlasste Herzog Heinrich den Frommen zur Gründung der Bergstadt Marienberg. Mit einem furchteinflößenden Schwert bewaffnet, schaut er heute als Bronzestatue dem Treiben auf dem riesigen quadratischen Marktplatz zu.

Hier findet meine Treue ein Ende, ich verlasse die breite B 171 und konzentriere mich auf die leere Nebenstrecke nach Mildenau, wo ich wieder auf den Pöhlbach treffe, der mich erneut zum Fichtenhäusel an der tschechischen Grenze führt. Und am späten Abend ist Bescherung, wenn der Fichtenexpress mit dem Verdauungsschnaps an meinem Tisch hält. ◂

INFOS ZUR TOUR

CHARAKTERISTIK

Das zum Bundesland Sachsen gehörende Erzgebirge erstreckt sich über eine Länge von 130 und eine Breite von 40 Kilometern von Südwesten nach Nordosten und grenzt an Tschechien. Das stark bewaldete Mittelgebirge erreicht Höhen von 800 bis 900 Meter, der 1214 Meter aufragende Fichtelberg bildet den Gipfel auf deutscher Seite, der jenseits der Grenze liegende Klinovec legt noch 30 Meter drauf. Ein dichtes Netz kurvenreicher Haupt- und Nebenstraßen überzieht die Region und verbindet Schlösser, Burgen, Stauseen und historische Orte. Fahrbahnbreiten und Belagqualitäten sind stark unterschiedlich. Anfahren am Berg muss sicher beherrscht werden!

ÜBERNACHTUNG

Hotel Fichtenhäusel am Pöhlagrund

Für das freundliche Hotelteam um Benny Langer sind Motorradfahrer gern gesehene und stets willkommene Gäste. Das ideale Basislager für Fahrten durchs Erzgebirge diesseits und jenseits der Grenze bietet neben komfortablen Zimmern und einer tollen Kuche auch Wellnessangebote und geführte Touren, Kartenmaterial und trotz der abgeschiedenen Lage WLAN.

www.fichtenhaeusel.de

GPS 50.51624, 13.04112

ATTRAKTIONEN

Weiterführende Informationen zu den im Text genannten Sehenswürdigkeiten / Museen im Internet:

Schwibbogen und Pyramide in Johanngeorgenstadt
www.johanngeorgenstadt.de

Deutsche Raumfahrtausstellung Morgenröthe-Rautenkranz
www.deutsche-raumfahrtausstellung.de

Göltzschtalbrücke
www.goeltzschtalbruecke.info

Stülpner-Höhle in den Greifensteinen
www.ins-erzgebirge.de

Burg Scharfenstein
www.die-sehenswerten-drei.de

3 km
Treseburg
Wienrode

Harzhafter **Genuss**

Tausend Jahre Harzer Bergbaugeschichte live erleben – neben Stollen, Schächten und Stauseen bilden mittelalterliche Städtchen den passenden Rahmen für einen Streifzug durch das nördlichste Mittelgebirge der Republik. Beim Erkunden der Harzer Höhen und Tiefen von fiesen Brockenhexen und einäugigen Gottheiten begleitet, wird selbst vor qualmenden Stahlrössern kein Halt gemacht.

Im Ostharz sind noch viele dieser alten Wegweiser zu entdecken.

TOUREN-STECKBRIEF

BASISORT
Gernrode (51.72077, 11.13704)

STRECKENLÄNGE
ca. 500 km

DAUER DER TOUR
2 Tage

ROADBOOK

Tour 1: Gernrode, Ballenstedt, Burg Falkenstein, Wippra, Lengefeld, Questenberg, Hayn, Stolberg, Rottleberode, Neustadt/Harz, Walkenried, Hohegeiß, Benneckenstein, Tanne, Hasselfelde, Friedrichsbrunn, Hexentanzplatz, Friedrichsbrunn, Gernrode (200 km)

Tour 2: Gernrode, Thale, Treseburg, Rappbodetalsperre, Elbingerode, Braunlage, Bad Lauterberg, Herzberg, St. Andreasberg, Torfhaus, Altenau, Clausthal-Zellerfeld, Wildermann, Langelsheim, Goslar, Erbprinzentanne, Oker, Bad Harzburg, Wernigerode, Drei Annen Hohne, Elbingerode, Heimburg, Blankenburg, Warnstedt, Gernrode (300 km)

Beuchte
Weddingen
Dörnten
VIENEN-
BURG
Suderode
OSTERWIECK
Hahndorf
Immen-
rode
Vienenburg
Lüttgen-
rode
Berßel
Jerstedt
Gut
Grauhof
Osterwieck/
Vienenburg-Süd
Schauen
Zilly
ASTFELD
JÜRGEN-
OHL
Ohlhof
Dreieck
Vienenburg
Wasserleben
Odorf
Mulm
Lochtum
Abben-
rode
Langeln
HARLINGERODE
Bettingerode
Vecken-
stedt
Heudeber
GOSLAR
OKER
Westerode
Stapelburg
SCHLEWECKE
anetalsperre
Goslaer
Altstadt mit
Kaiserpfalz
GÖTTINGERODE
BAD
HARZBURG
Schmatzfeld
Bergwerk
Rammelsberg
BÜNDHEIM
Freizeitoase
Harz Camp
Dicker Kopf
668
Reddeber
MINSLE
ILSENBURG
Harz
Romkerhall
Märchenwald
Harz
Zwißelkopf
588
Altenrode
Romkerhaller
Wasserfall
Schalke
762
Drübeck
Darlingerode
Radau-
fälle
Ecker
Stausee
Schulenberg
Oker-
talsperre
WERNIGERODE
Schloss
Wernigerode
NÖSCHEN-
RODE
HASSE-
RODE
CLAUSTHAL-
ZELLERFELD
ALTENAU
Brocken
1142
Torfhaus
Hellertaler
Graben
Ortberg
549
harzer
werksmuseum
Bruchberg
927
Oder
Nationalpark
Harzer
Hexenstieg
Drei Annen
Hohne
ELBINGE
Achter-
mannshöhe
925
Wurmberg
971
Schierke
Riefensbeek-
Kamschlacken
Harz
Rübelar
Königshütte
Rehberg
890
Elend
Rauher Jacob
568
Rappbode-
Stausee
setalsperre
Auf dem Acker
BRAUNLAGE
SANKT ANDREASBERG
Warme Bode
Tanne
Grube
Samson
Silberhütte
Odershaus
Sorge
Trautenstein
Lonau
Sieber
Koboltstaler Köpfe
673
Naturpark
Harz
HERZBERG
am Harz
Großer Knollen
687
Vorderer
Ebersberg
684
Hohegeiß
BENNECKENSTEIN
Schloss
Herzberg
Stöberhai
714
Oder-
talsperre
Odertal
Einhornhöhle
Zorge
Quitschenkopf
636
Wieda
Großer Ehrenberg
634
Rothesütte
Sophienhof
Großer Staufenberg
554
BAD
LAUTERBERG
harzfeld
ODER-
FELD
Vitamar
Christiane
haus
Zandersberg
269
BARBIS
Sülzhayn
BAD SACHSA
Kloster
Walkenried
Netzkater
Bartolfelde
Steina
ELLRICH
Poppenberg
600
NIEDERSACHSEN
THÜRINGEN
Oster-
hagen
Walkenried
Werna
Appenrode
Ilfeld
Wiegersdorf
Silkerode
Weilrode
Neuhof
Ober-
sachs-
werfen
Tetten-
born
Nüxei
(in Bau)
Branderode
Gudersleben
Woffleben
Osterode
Bockelnhagen
Kletten-
berg
Harzungen
Zwinge
Mackenrode
Lieben-
rode
Nieder-
sachswerfen
Eller
Weißenborn-
Lüderode
Stöckey
Limlin-
gerode
(i. Pl.)
Holbach
Maude-
rode
Hörningen
Krimderode
Rüdigs-
Hohen-
Schiedungen
Ichte
Günzerode
Herreden
Jützenbach
Epschenrode
Pützlingen
Werther
Klein-
SALZA

S. 54

BAD HARZBURG
ILSENBURG
WERNIGERODE
ELBINGERODE
BRAUNLAGE
SANKT ANDREASBERG
ALTENAU
BENNECKENSTEIN
BAD LAUTERBERG
BAD SACHSA
ELLRICH
NORDHAUSEN
Niedersachswerfen
Goslaer Altstadt mit Kaiserpfalz
Freizeitoase Harz Camp
Romkerhall
Romkerhaller Wasserfall
Märchenwald Harz
Radaufälle
Schloss Wernigerode
Rübelandbahn
Harzer Hexenstieg
Grube Samson
Vitamar
Kloster Walkenried
Selketalbahn
Hohnstein
Dom zu Nordhausen
Nationalpark
Naturpark
Harz
Brocken 1142
Wurmberg 971
Achtermannshöhe 925
Rehberg 890
Bruchberg 927
Zwißelkopf 588
Dicker Kopf 668
Ortberg 549
Rauher Jacob 568
Hoppelberg 507
Kobolstaler Köpfe 673
Großer Knollen 687
Stöberhai 714
Quitschenkopf 636
Vorderer Ebersberg 684
Großer Ehrenberg 634
Großer Staufenberg 554
Leckenkopf 547
Poppenberg 600
Ecker Stausee
Okertalsperre
Odertalsperre
Rappbode-Stausee
Warme Bode
Torfhaus
Schierke
Drei Annen Hohne
Elend
Königshütte
Rübeland
Tanne
Sorge
Trautenstein
Hohegeiß
Oderhaus
Silberhütte
Sieber
Odertal
Zorge
Wieda
Walkenried
Stapelburg
Drübeck
Darlingerode
Wasserleben
Langeln
Heudeber
Reddeber
Benzingerode
Heimburg
Nöschenrode
Hasserode
Ilfeld
Neustadt
Harzungen
Sülzhayn
Rothesütte
Sophienhof
Netzkater
Steina
Osterhagen
Tettenborn
Neuhof
Obersachswerfen
Woffleben
Werther
Hesserode
Salza
Nordhausen-West

S. 53

SARGSTEDTER SIEDLUNG
Quenstedt
Vorwerk Emersleben
Deesdorf
Dalldorf
Hakeborn
Dom zu Halberstadt
WEHRSTEDT
ADERSLEBEN
WEGELEBEN
B. Lehmann Museum
Mahndorf
Spiegelsberge
Rodersdorf
Heteborn
Hakel
Schneidlingen
COCHSTEDT
Bode
Wilhelmshöhe
Klussiedlung
Harsleben
Hedersleben
Verkehrsflughafen Harz-Börde
Langenstein
Heidberg
Hausneindorf
Schadeleben
Neu Königsaue
Gedenkstätte Langenstein-Zwieberge
Münchenhof
Ditfurt
Wedderstedt
Friedrichsaue
Concordiasee
Ruine Regenstein
Börnecke
Gatersleben
Seeland
Selke
Nachterstedt
Wilsleben
SIEDLUNG GEHREN
Westerhausen
QUEDLINBURG
Frose
Wilslebener See
BORNHOLZ WEGSIEDLUNG
BLANKENBURG
Schloss Quedlinburg
Altstadt
Morgenrot
HOYM
Timmenrode
Warnstedt
Quedlinburger Dom
Badeborn
Reinstedt
Wienrode
Weddersleben
Quarmbeck
Gersdorfer Burg
BENNECKENRODE
THALE
Neinstedt
Asmusstedt
Radisleben
SINSLEBEN
Westdorf
Rosstrappe
Bergtheater
Rieder
Schloss Ballenstedt
ERMSLEBEN
Bodetal
Stecklenberg
Bad Suderode
GERNRODE
OPPERODE
Hexentanzplatz
Stiftskirche Gernrode
BALLENSTEDT
Meisdorf
Neuplatendorf
Endorf
Welbsleben
Glashüttenkopf
Viktorshöhe
Selketalbahn
Mansfelder
Ulzigerode
Harkerode
Friedrichsbrunn
Wieserode
Sylda
Allrode
Hammer
Burg Falkenstein
Alterode
Eine
Bärenrode
Mägdesprung
Burgruine Anhalt
Pansfelde
Stangerode
Willerode
GÜNTERSBERGE
Siptenfelde
Alexisbad
HARZGERODE
Leinemühle
Bergland
Scheerenberg
Bräunrode
Hänichen
Leine
Friedrichrode
Greifenhagen
Friedrichshöhe
Molmerswende
Horbeck
Breitenstein
Silberhütte
Steinbrücken
Tilkerode
Schielo
Abberode
Biesenrode
Straßberg
Neudorf
Königerode
Ritzgerode
Gräfenstuhl
Naturpark
Rammelburg
Hermerode
Wimmelrode
Piskaborn
Dankerode
Braunschwende
Popperode
Friesdorf
Klostern
Großer Auerberg
Möllendorf
Gorenzen
Wippra
Harz
Altstadt
Hayn
Siebigerode
Wipper
Hayda
Wolfsberg
Paßbruch
Annarode
Schwenda
Karlsrode
Rotha
Breitenbach
Horla
Grillenberg
Pölsfeld
Wettelrode
Dietersdorf
Morungen
Obersdorf
Rottleberode
Wilhelmshöhe
Gonna
Emseloh
Lengefeld
Breitungen
Hainrode
Riestedt
Meuserlengefeld
Questenberg
Großleinungen
TAUBENBERG
Uftrungen
SANGERHAUSEN
Beyernaumburg
Agnesdorf
Kleinleinungen
BRÜHLBERG
Rosperwenda
Dittichenrode
Drebsdorf
Rosarium
Berga
Roßla
Wickerode
Wallhausen
SANKT JULIAN
Liedersdorf
Rosenroda
Sangerhausen

Freundliche Begrüßung auf der Harzhochstraße B 242 bei Braunlage.

Goethe war bereits hier, von Bismarck und Fontane auch. Da darf ich natürlich nicht fehlen! Mit allergrößter Selbstverständlichkeit reihe ich mich in die Schar namhafter Besucher ein, die im Laufe der Jahrhunderte auf dem Stubenberg oberhalb von Gernrode lustwandelten und dabei das beeindruckende Panorama genossen. Auch ich will lustwandeln und dabei meinen Bayernboxer artgerecht durch den Harz scheuchen.

Zwischen Halberstadt und Halle erstreckt sich das wenig bekannte Mansfelder Bergland, dessen Wälder und Bodenschätze seit Alters her die adligen Geldsäckel füllten. Im nahen Ballenstedt passiere ich das stattliche Schloss, das den Fürsten von Anhalt-Bernburg einst als Sommerresidenz diente.

Deutlich rustikaler präsentiert sich mir ein paar Kilometer später Burg Falkenstein, die in gut zu verteidigender Lage kühn auf einem Felsvorsprung über dem Selketal thront. Wieder im Sattel strebe ich durch zahlreiche Kurven einem echten Pass entgegen.

Der Questenberger Roland ähnelt einer Comicfigur.

Zwischen Wippra und Grillenberg kreuzt auf der rund 400 Meter hohen Scheitelstrecke die historische Kohlenstraße. Seit dem frühen Mittelalter florierte der Harzer Bergbau und die Verhüttung der gewonnenen Erze verlangte riesige Mengen Holzkohle. Die dichten Buchenwälder fielen dem erbarmungslosen Kahlschlag zum Opfer, bis heute weist die Endung -rode in zahlreichen Ortsnamen darauf hin. Auf der quer durch den Harz verlaufenden Kohlenstraße wurde die Holzkohle mit Pferden bis zu den profitablen Mansfelder Kupferhütten transportiert.

Ritter des Rechts

Kurz vor Sangerhausen biege ich zum nicht weit entfernten Questenberg ab. Dort verbirgt sich unter der Dorflinde ein Roland. Seit dem 14. Jahrhundert wurden in vielen deutschen Orten hölzerne und steinerne Statuen aufgestellt, die anfangs Markt-, Münz- und Zollrecht verkörperten, später das erwachende, weltlich orientierte Bürgertum. Aber dieser Ritter des Rechts hat, man möge mir verzeihen, eher Ähnlichkeit mit einer Comicfigur: unstimmige Proportionen, ein Bäuchlein und Glubschaugen.

Dagegen gehört die sich anschließende Etappe durch die grüne Karstlandschaft zum Schönsten, was der Südharz zu bieten hat – Fahrspaß auf höchstem Niveau. Mit deutlich gedrosseltem Tempo rolle ich dann durch die engen Gassen der idyllischen Fachwerkstadt Stolberg. Der aus dem Bergbau von einst stammende Reichtum spiegelt sich in dem hoch über der Stadt aufragenden Schloss wider.

Den nächsten Rotrock meiner Tour finde ich erst, als ich im nahen Neustadt nach dem Roland frage. Anders als seine Familienmitglieder lässt er aber das Schwert im Gürtel stecken

Die schmucke Fachwerkstadt Stolberg hat den Beinamen „Perle des Südharz" zu Recht erhalten.

und hebt stattdessen die rechte Hand zum Schwur.

In der äußersten Ecke des Bundeslandes Niedersachsen, das hier an Thüringen und Sachsen-Anhalt grenzt, versteckt sich das zum Weltkulturerbe gehörende Kloster Walkenried. Vor fast 1000 Jahren ließen sich hier Zisterzienser nieder und stiegen, neben ihrer eigentlichen Kirchenarbeit, groß in das florierende Harzer Bergbauwesen ein. Als aber die Gewinne deutlich abnahmen, unter Tage versiegten die Zechen, über Tage wütete die Pest, besannen sich die cleveren Gottesmänner auf profitable Finanzdienstleitungen. Der endgültige Niedergang begann, als das Bauernheer unter Thomas Müntzer im Mai 1525 das Kloster plünderte und verwüstete, den Rest besorgten dann die protestantischen Lehren Martin Luthers.

Die überdimensionale Weihnachtspyramide in Zorge verbreitet ganzjährig festliche Gefühle.

Beim Ritt durch den nahen Weiler Zorge lenkt eine überdimensionale Weihnachtspyramide meine Gedanken auf Geschenke, Gänsebraten und Glitzerkugeln. Doch bei den vorherrschenden sommerlichen Temperaturen fällt es mir leicht, die Heiligabend-Phantasien abzuschütteln.

Wir machen rüber

Dabei hilft auch das kurzweilige Asphaltband, dessen Serpentinen anfangs durchs Tal, dann aber aufwärts nach Hohegeiß führen. Eine unscheinbare Nebenstrecke lässt mich „rüber machen", also die ehemalige innerdeutsche Grenze überwinden und liefert mich am Ostdeutschen Fahrzeug- und Technikmuseum in Benneckenstein ab.

Neben zahlreichen Motorrädern gibt es auch monströses Kriegsgerät zu bestaunen, sogar ein U-Boot ist hier für immer vor Anker gegangen. Auf die Frage, was den Unterharz vom Oberharz trennt, fällt mir spontan die Harzhochstraße ein: Die B 242 von

Das auf 500 Höhenmetern gelegene Harzörtchen Stiege bietet neben Schloss, Kirche und See einen Bahnhof der Selketalbahn.

Seesen nach Mansfeld entpuppt sich als wahres Kurvenwunder.

Zwischen Tanne und Stiege werden die Waldpassagen immer wieder durch Weideflächen unterbrochen, schöne Gelegenheiten, meine Augen über die abwechslungsreiche Mittelgebirgsregion schweifen zu lassen. Im beschaulichen Stiege biege ich zwischen Schloss, Kirche und See nach Friedrichsbrunn ab.

So wie Hubraum und Drehmoment gehören auch Harz und Hexen automatisch zusammen: Hoch über dem Bodetal stoppe ich am Hexentanzplatz, einer uralten heidnischen Kultstätte, wo sich alljährlich in der Walpurgisnacht, vom 30. April auf den 1. Mai, die dunklen Mächte zum großen Gelage treffen. Wie beruhigend, dass ich tatsächlich noch weit vor Einbruch der Dunkelheit Gernrode erreiche. Stutzig werde ich allerdings, als ich

Da zahlt der Autor gerne fünf Euro in die Chauvi-Kasse: Prima, dass am Hotel Stubenberg spezielle Frauenparkplätze angeboten werden.

Den aufwendig und liebevoll gestalteten Brunnen in Thale darf man auf keinen Fall links liegen lassen.

am Hoteleingang gleich zwei Hexenbesen entdecke.

Mystisches am Morgen

Keine zwölf Stunden ist es her, dass über mir ein laues Lüftchen raschelnd durch das dichte Blätterdach des Biergartens strich und ein kühles Blondes vor mir stand, zu meinen Füßen die erwachenden Lichter von Gernrode und fern am Horizont ein verblassendes Abendrot.

Der kleine Ort scheint noch zu schlafen, als ich meine GS nach Thale lenke, wo mich ein besonderes Wasserspiel in seinen Bann zieht: Wotan, der höchste Gott der Germanen, trinkt aus dem an der Weltesche gelegenen Brunnen der Weisheit, verliert dabei ein Auge, gewinnt aber die Fähigkeit, in die Zukunft schauen zu können. Die beiden Raben Hugin und Munin und die Windzwerge Nordi, Austri, Sudri und Westri stehen ihm zur Seite.

Der Himmel über meinem Helm verschwindet, als ich ins enge und gewundene Bodetal vorstoße. Auch hier geht es mystisch zu, denn vor langer, langer Zeit soll hier die Königstochter Brunhilde auf ihrem Pferd vor dem bösen Böhmenkönig Bodo geflohen sein. Die wilde Hetzjagd endet erst

am Rande einer tiefen Schlucht. Die verzweifelte Brunhilde setzt alles auf eine Karte und springt. Der fiese Bodo will ihr nach, gibt seinem Gaul die Sporen, stürzt aber in die Tiefe. An der Rosstrappe, einem Granitfelsen über dem Bodetal, ist bis heute ein Hufabdruck im Fels zu sehen.

Über und unter Tage

Jenseits der B 81 liegt die Rappbodetalsperre. Der größte Stausee des Harzes ist auch bei der Krachmacher-Fraktion bestens bekannt, muss man doch zum beliebten Bikertreff durch einen langen Tunnel fahren, der den zweifelhaften, aber äußerst aussagefähigen Beinamen „Soundröhre“ trägt.

Von Elbingerode schickt mich die „Erlebnisstraße der deutschen Einheit“ erst über den einstigen Eisernen Vorhang und dann durch den quirligen Touristenort und Verkehrsknotenpunkt Braunlage an den Oderstausee bei Bad Lauterberg. Im 16. Jahrhundert begann man mit dem Bau von Teichen und später mit Staubecken, dem sogenannten Harzer Wasserregal, um mit den gespeicherten Niederschlägen Wasserräder und damit Maschinen unter und über Tage zu betreiben.

Die Zechen von einst sind längst geschlossen, die Talsperren von heute versorgen die Region mit Energie und Trinkwasser. Die Schnellstraßenetappe nach Herzberg ist schon vergessen, als ich die Bergstraße nach Sieber unter die Räder nehme: Schnell werden die Wege schmaler, die Ortsdurchfahrten enger, bis mich mehrere

Am Regenfänger Harz kommt keine dunkle Wolke ungeschoren vorbei, die zahlreichen Stauseen danken.

Mit viel Engagement werden Flora und Fauna im Nationalpark Harz gehegt und gepflegt.

Schilder auffordern, vorsichtig zu fahren, denn es geht knackig und kurvig durch den dichten Wald bergauf.

Am Scheitelpunkt angekommen, bleibt kaum Zeit für einen Blick, schon kippt die GS vorne über. Mäßiger Teer, aber begeisterndes Landschaftskino begleiten mich durch Sankt Andreasberg an die B 242, dort folge ich der Ausschilderung Bad Harzburg und begegne der überbreiten B 4, die mich hinauf zum höchsten legal anfahrbaren Punkt des Harzes katapultiert.

Der auf rund 800 Meter gelegene Kult-Bikertreff Torfhaus wurde jüngst verkleinert, um dem neu geschaffenen Naturpark-Besucherzentrum Platz zu machen, bietet aber noch immer den besten Brockenblick. Den Harzgipfel im Rücken stürze ich wieder ins Tal und ziehe dann ordentlich am Kabel, um von Altenau hinauf zur Bergstadt Clausthal zu röhren. Das riesige Gotteshaus, die Marktkirche zum Heiligen Geist, lasse ich rechts liegen, halte mich in Richtung Bad Grund und biege schon bald ins malerische Lautenthal ein.

Mit der mäandernden Innerste erreiche ich das Schaubergwerk „Lautenthals Glück“, das mit der einzigartigen Erzschifffahrt auftrumpfen kann: Unter Tage verläuft eine über

Der Bikertreff Torfhaus bietet den besten Brockenblick.

hundert Meter lange Wasserstraße, auf der hölzerne Kähne Menschen und Material transportieren.

Einladende Altstädte

Silber und andere Bodenschätze spülten viel Geld in die Kassen der Obrigkeit. Bestes Beispiel ist die um die Ecke liegende 1000-jährige Kaiserstadt Goslar. Nach dem Besuch der historischen Kaiserpfalz schlendere ich in die nahe Altstadt. Das aus dem 13. Jahrhundert stammende Hotel Kaiserworth mit seiner reich verzierten Front ist ein weiteres „Muss" für Harz-Biker: Von allen dort angebrachten Figuren hat es mir das „Dukatenmännchen" angetan, das goldene Taler scheißt. So schön rund wie seine Pobacken sind auch die Kurven der sehr gut ausgebauten B 241, die mich bis zum Weiler Erbprinzentanne geleitet.

Von den Höhen, wo die Wälder lichter sind, genieße ich herrliche Panoramen, bevor ich wie der geölte Blitz hinunter an den zerklüfteten Okerstausee zische. Das riesige Reservoir ist schon lange aus meinem Rückspiegel ver-

Die hölzerne Marktkirche zu Clausthal-Zellerfeld (oben). Lautenthals Glück ist ein spannendes Bergbaumuseum (unten).

Goslars einladender Marktplatz wird von historischer Bausubstanz eingerahmt.

schwunden, als ich am Ausgang des Okertals Bad Harzburg anvisiere. Von dort genieße ich eine fahrerisch wie landschaftlich reizvolle Nebenstrecke über Eckertal und Ilsenburg nach Wernigerode. Schön herausgeputzt präsentiert sich das Fachwerk-Rathaus am Marktplatz: Beim genauen Hinschauen fallen mir 33 Figuren auf: Gaukler, Kirchenmänner und Handwerker scheinen um die Fassade zu tanzen.

Kurz darauf tanze auch ich entlang der Harzbahngleise zum Bahnhof „Drei Annen Hohne" hinauf. Kaum habe ich den Bayernboxer geparkt, kündigt ein Schnaufen, Puffen und Zischen das Eintreffen der Brockenbahn an. Nach der Ansage „Bitte einsteigen und die Türen schließen" ertönt ein gellender Pfiff und die Dampflok setzt sich unter einer dicken Qualmwolke in Bewegung. Langsam gewinnt der Zug an Fahrt und windet sich um den Brocken herum dem 1 142 Meter hohen Gipfel, Höhepunkt jeder Harztour, entgegen. ◀

Die bunte Stadt am Harz ist Wernigerode.

INFOS ZUR TOUR

CHARAKTERISTIK

Der Harz erstreckt sich über eine Länge von 110 und einer Breite von bis zu 40 Kilometer über die Bundesländer Niedersachsen, Sachsen-Anhalt und Thüringen. Der sagenumwobene Brocken markiert mit 1142 Metern Norddeutschlands höchsten Gipfel. Die in Ost-West-Richtung verlaufende Harzhochstraße B 242 teilt das Mittelgebirge in den Ober- und Unterharz. Ein dichtes Netz von ursprünglichen Haupt- und Nebenstrecken steigt in Höhenlagen zwischen 400 und 600 Meter, am Torfhaus sogar bis 800 Meter. Der kurvenreiche Harz präsentiert sanft geschwungene Hügellandschaften, dichte Wälder, Straßen im Einklang mit der Natur und liebevoll restaurierte Altstädte wie Goslar und Wernigerode.

ÜBERNACHTUNG

Hotel Stubenberg
Das imponierende Stubenberg-Panorama allein ist schon ein triftiger Grund für einen Aufenthalt im Harz. Gut betreut von dem gastfreundlichen Team um Christine und Henry Keilwitz bieten sich von hier aus auch Fahrten in das nördliche Harzvorland und den legendären Kyffhäuser an.
www.hotel-stubenberg.de
GPS 51.72077, 11.13704

ATTRAKTIONEN

Weiterführende Informationen zu den im Text genannten Sehenswürdigkeiten / Museen im Internet:

Burg Falkenstein
www.burg-falkenstein.de

Rolandstatuen
www.rolandnetzwerk.de

Kloster Walkenried
www.kloster-walkenried.de

Ostdeutschen Fahrzeug- und Technikmuseum Benneckenstein
www.mts-oldtimermuseum.de

Stille **Winkel**

Auf den Spuren von Glas, Granit und Porzellan: Nach Herzenslust durch die Bilderbuchlandschaften der Naturparks Fichtelgebirge und Oberpfälzer Wald touren und dabei lichtdurchflutete Orte in gar nicht so finsteren Forsten entdecken. In der wenig bekannten Kurvenregion Stiftwald sorgen gleich drei mit dem Motorrad anfahrbare Türme für den nötigen Überblick.

Der Autor auf erfolgloser Suche nach Karl Mays Helden am Silbersee.

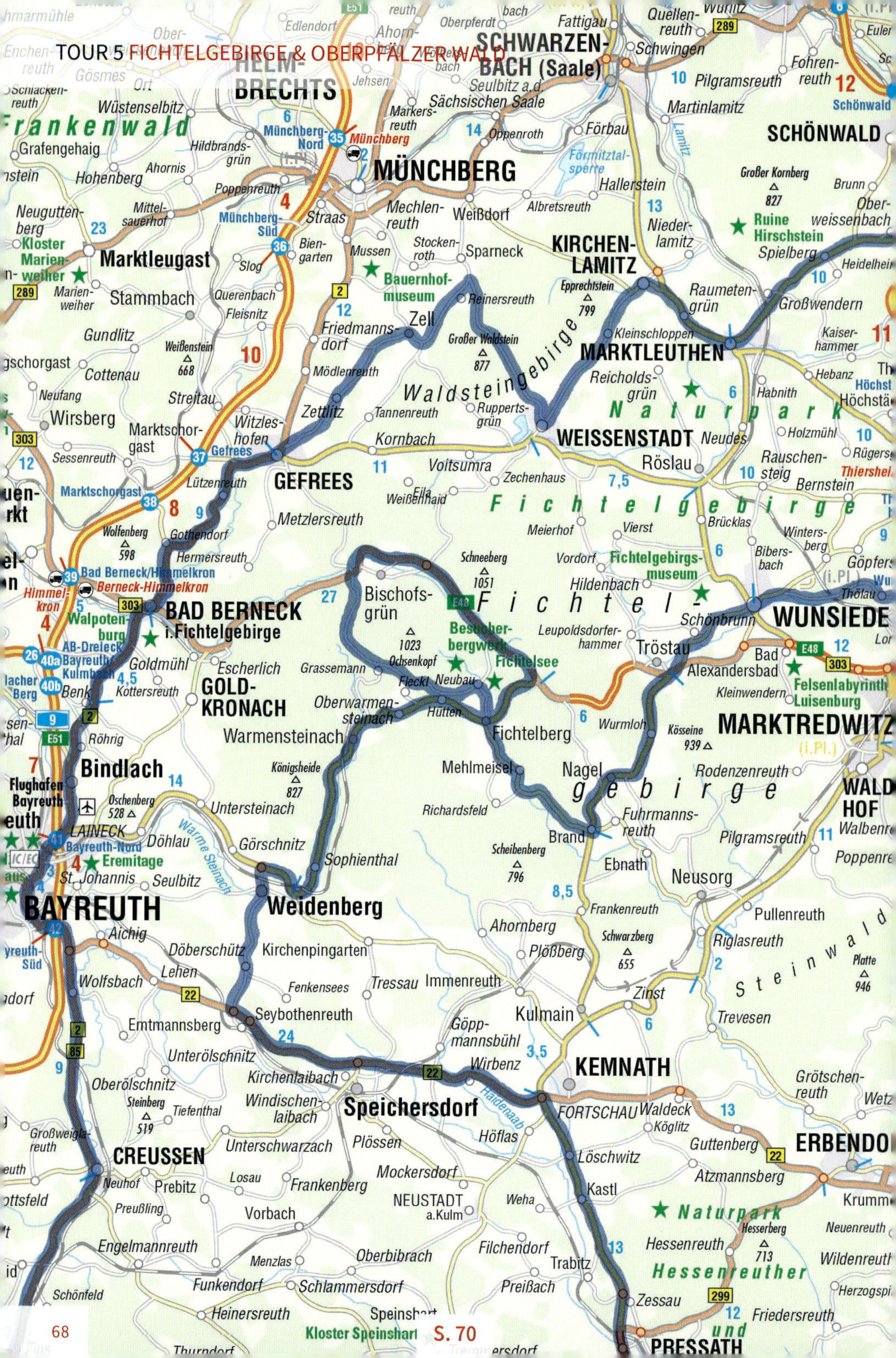
HELMBRECHTS
SCHWARZENBACH (Saale)
MÜNCHBERG
Frankenwald
Marktleugast
Stammbach
KIRCHENLAMITZ
MARKTLEUTHEN
SCHÖNWALD
Ruine Hirschstein
Bauernhofmuseum
Zell
Großer Waldstein 877
Waldsteingebirge
WEISSENSTADT
Röslau
Naturpark
GEFREES
Fichtelgebirge
Schneeberg 1051
Bischofsgrün
Fichtelgebirgsmuseum
WUNSIEDEL
BAD BERNECK i.Fichtelgebirge
GOLDKRONACH
Warmensteinach
Fichtelberg
Fichtelsee
Ochsenkopf
Besucherbergwerk
Tröstau
Bad Alexandersbad
Felsenlabyrinth Luisenburg
MARKTREDWITZ
Kösseine 939
Bindlach
Nagel
Brand
Neusorg
Flughafen Bayreuth
Untersteinach
Weidenberg
Sophienthal
Eremitage
BAYREUTH
Steinwald
Platte 946
Kulmain
KEMNATH
Speichersdorf
Seybothenreuth
CREUSSEN
ERBENDORF
NEUSTADT a.Kulm
Naturpark Hessenreuther und
PRESSATH
Kloster Speinshart

S. 70

TOUREN-STECKBRIEF

BASISORT

Sulzbach-Rosenberg (49.50399, 11.74268)

STRECKENLÄNGE

ca. 600 km

DAUER DER TOUR

2 Tage

ROADBOOK

Tour 1: Sulzbach-Rosenberg, Grafenwöhr, Kemnath, Weidenberg, Bischofsgrün, Fichtelberg, Brand, Wunsiedel, Waldsassen, Selb, Marktleuthen, Weißenstadt, Zell, Bad Berneck, Bayreuth, Pegnitz, Auerbach, Sulzbach-Rosenberg (320 km)

Tour 2: Sulzbach-Rosenberg, Hirschau, Weiden, Tirschenreuth, Neualbenreuth, Mähring, Bärnau, Flossenbürg, Waidhaus, Schönsee, Waldmünchen, Neunburg, Amberg, Sulzbach-Rosenberg (280 km)

S. 72/73

S. 68

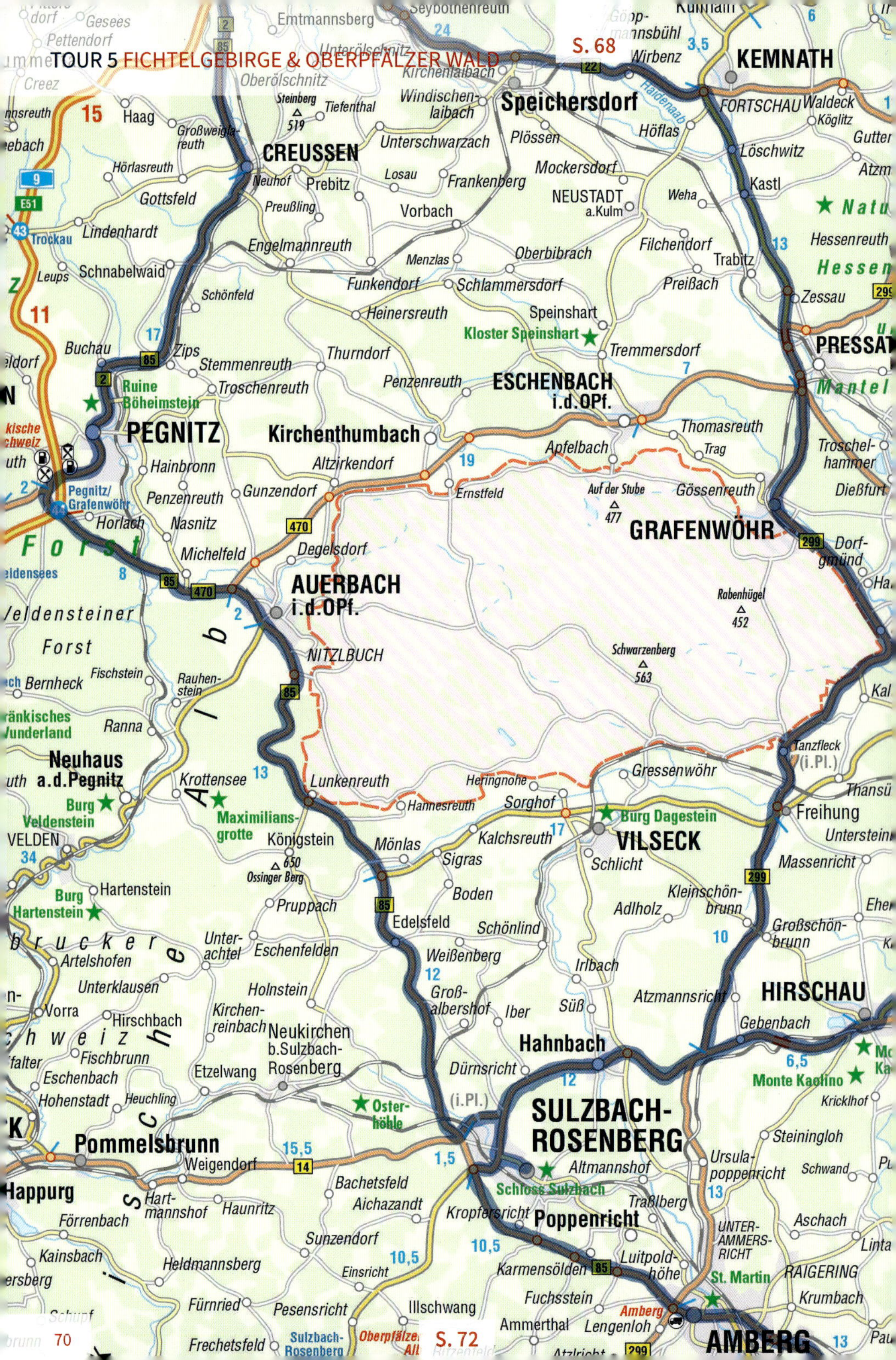

KEMNATH
Speichersdorf
CREUSSEN
PEGNITZ
Kirchenthumbach
ESCHENBACH i.d.OPf.
PRESSATH
GRAFENWÖHR
AUERBACH i.d.OPf.
NITZLBUCH
Neuhaus a.d.Pegnitz
VILSECK
HIRSCHAU
Hahnbach
SULZBACH-ROSENBERG
Poppenricht
Pommelsbrunn
Happurg
AMBERG
Kloster Speinshart
Ruine Böheimstein
Maximiliansgrotte
Burg Dagestein
Burg Veldenstein
Burg Hartenstein
Osterhöhle
Schloss Sulzbach
Monte Kaolino
Veldensteiner Forst
Fränkische Schweiz
Hersbrucker Schweiz
Fränkische Alb
Neukirchen b.Sulzbach-Rosenberg
Königstein
Vorbach
Trabitz
Thomasreuth
Freihung
Edelsfeld

S. 72

Meterhoch gestapelte Bierkästen stehen Spalier, als ich mit dem ersten Hahnenschrei den Innenhof des Sperber-Bräus in Sulzbach-Rosenberg verlasse und am Rande eines der größten europäischen Truppenübungsplätze entlang nach Grafenwöhr presche. Kaum habe ich den entlegensten Zipfel des Naturparks Nördlicher Oberpfälzer Wald verlassen, treibe ich meinen Bayern-Twin bis in die Nähe der weltberühmten Wagnerstadt Bayreuth, wo der geniale wie umstrittene Komponist Richard Wagner im späten 19. Jahrhundert lebte und arbeitete.

Weil mir aber der Sinn nicht nach Opernklängen steht, nehme ich Reißaus und gelange auf reizvoller Etappe über Weidenberg ins Tal der Steinach und damit in den 1971 gegründeten, 1000 Quadratkilometer großen Naturpark Fichtelgebirge. Mit moderatem Tempo umrunde ich den Ochsenkopf, der fälschlicherweise viele Jahre lang mit seinen 1023 Metern als höchster Gipfel des Frankenlandes galt, obwohl der in unmittelbarer Nachbarschaft aufragende Schneeberg 30 Meter mehr zu bieten hat.

Zusammen mit dem Weißen Main erreiche ich Bischofsgrün. Dort verlasse ich die breite E 48 nur allzu gern, um meine Reise auf der 22 Kilometer langen und fahrerisch reizvolleren Ringstraße fortzusetzen. Eine mit vielen Kurven gesegnete Nebenstrecke geleitet mich anschließend über Brand nach Bad Alexandersbad, bekannt durch seine Mineral- und Moorheil-

Viele Kisten süffigen Sperberbräus (links) und das Städtchen Bischofsgrün (oben).

S. 68

PRESSATH
ESCHENBACH i.d.OPf.
WINDISCH-ESCHENBACH
GRAFENWÖHR
NEUSTADT a.d.Waldnaab
Altenstadt a.d.Waldnaab
WEIDEN i.d.Oberpfalz
Weiherhammer
VILSECK
Luhe-Wildenau
HIRSCHAU
SCHNAITTENBACH
Wernberg-Köblitz
SULZBACH-ROSENBERG
PFREIMD
Freudenberg
Poppenricht
NABBURG
AMBERG
Kümmersbruck
Schwarzenfeld
SCHWANDORF
Manteler Wald
Parkstein
Naturpark
Hirschwald
Monte Kaolino
Schloss Sulzbach
Burg Dagestein
Basaltkegel Parkstein
Burg Neuhaus
St. Jakob
Ensdorf
Hahnbach
Freihung
Mantel

S. 70

S. 69

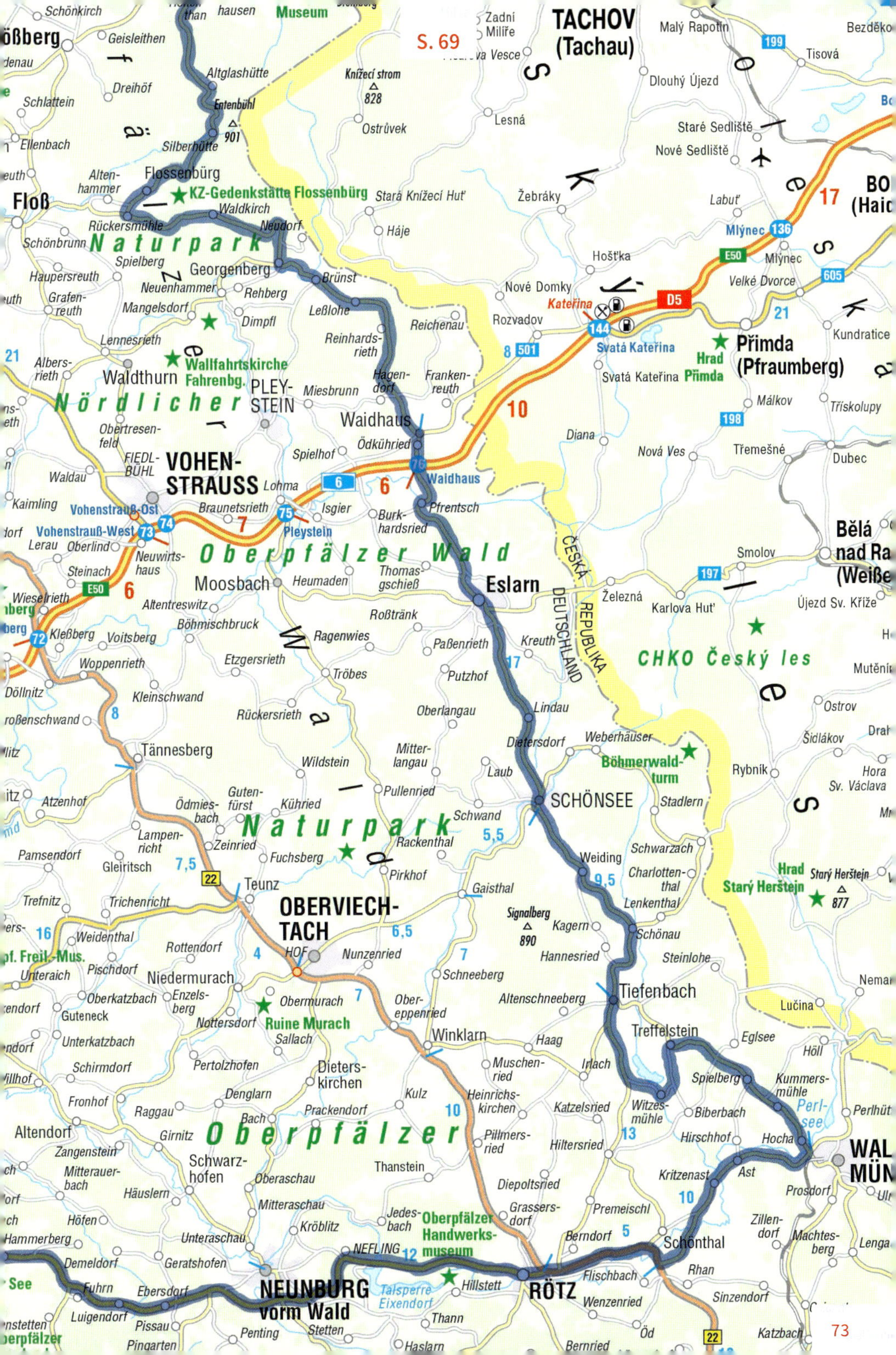
TACHOV
(Tachau)
Floß
Flossenbürg
KZ-Gedenkstätte Flossenbürg
Naturpark
Nördlicher Oberpfälzer Wald
Waldthurn
Wallfahrtskirche Fahrenbg.
PLEYSTEIN
VOHENSTRAUSS
Vohenstrauß-Ost
Vohenstrauß-West
Pleystein
Waidhaus
Rozvadov
Kateřina
Svatá Kateřina
Přimda
(Pfraumberg)
Hrad Přimda
Bělá nad Ra
(Weiße
BO
(Haid
Oberpfälzer Wald
Moosbach
Eslarn
ČESKÁ REPUBLIKA
DEUTSCHLAND
CHKO Český les
Český les
Böhmerwaldturm
SCHÖNSEE
Naturpark
Tännesberg
Teunz
OBERVIECHTACH
Signalberg 890
Hrad Starý Herštejn
Starý Herštejn 877
Tiefenbach
Treffelstein
Ruine Murach
Niedermurach
Winklarn
Oberpfälzer
Perlsee
WAL
MÜN
Oberpfälzer Handwerksmuseum
Talsperre Eixendorf
NEUNBURG vorm Wald
RÖTZ
Schönthal
Waldkirch
Rückersmühle
Georgenberg
Neuenhammer
Brünst
Leßlohe
Silberhütte
Entenbühl 901
Altglashütte
Knížecí strom 828
Ostrůvek
Lesná
Žebráky
Stará Knížecí Huť
Háje
Hošťka
Nové Domky
Reichenau
Frankenreuth
Hagendorf
Ödkühried
Pfrentsch
Burkhardsried
Lohma
Braunetsried
Isgier
Neuwirtshaus
Oberlind
Heumaden
Thomasgschieß
Roßtränk
Paßenrieth
Kreuth
Železná
Karlova Huť
Lindau
Dietersdorf
Weberhäuser
Stadlern
Schwarzach
Weiding
Charlottenthal
Lenkenthal
Schönau
Steinlohe
Kagern
Hannesried
Schneeberg
Altenschneeberg
Spielberg
Biberbach
Witzesmühle
Kummersmühle
Hocha
Ast
Kritzenast
Hirschhof
Prosdorf
Pillmersried
Heinrichskirchen
Muschenried
Irlach
Haag
Katzelsried
Hiltersried
Diepoltsried
Grassersdorf
Premeischl
Berndorf
Flischbach
Wenzenried
Hillstett
Thann
Stetten
Penting
Pissau
Pingarten
Ebersdorf
Fuhrn
Luigendorf
Demeldorf
Geratshofen
Unteraschau
Kröblitz
Jedesbach
Mitteraschau
Oberaschau
Schwarzhofen
Thanstein
Prackendorf
Kulz
Bach
Girnitz
Denglarn
Raggau
Dieterskirchen
Pertolzhofen
Sallach
Obermurach
Nottersdorf
Enzelsberg
Oberkatzbach
Guteneck
Unterkatzbach
Schirmdorf
Fronhof
Altendorf
Zangenstein
Mitterauerbach
Häuslern
Höfen
Hammerberg
Unteraich
Pischdorf
Weidenthal
Rottendorf
Trichenricht
Trefnitz
Gleiritsch
Pamsendorf
Lampenricht
Zeinried
Ödmiesbach
Gutenfürst
Kühried
Fuchsberg
Pirkhof
Rackenthal
Schwand
Gaisthal
Nunzenried
Oberpeppenried
Pullenried
Mitterlangau
Oberlangau
Laub
Wildstein
Rückersrieth
Putzhof
Tröbes
Ragenwies
Etzgersrieth
Böhmischbruck
Altentreswitz
Kleinschwand
Woppenrieth
Voitsberg
Kleßberg
Döllnitz
Atzenhof
Steinach
Wieselrieth
Lerau
Kaimling
Waldau
Fiedlbühl
Obertresenfeld
Miesbrunn
Spielhof
Lennesrieth
Albersrieth
Mangelsdorf
Dimpfl
Rehberg
Grafenreuth
Haupersreuth
Spielberg
Schönbrunn
Altenhammer
Ellenbach
Schlattein
Dreihöf
Geisleithen
Schönkirch
Neudorf
Reinhardsrieth
Malý Rapotín
Dlouhý Újezd
Tisová
Staré Sedliště
Nové Sedliště
Labuť
Mlýnec
Velké Dvorce
Kundratice
Málkov
Třískolupy
Diana
Nová Ves
Třemešné
Dubec
Smolov
Újezd Sv. Kříže
Mutěnín
Ostrov
Šidlákov
Rybník
Hora Sv. Václava
Lučina
Eglsee
Höll
Perlhüt
Zillendorf
Machtesberg
Lenga
Rhan
Sinzendorf
Katzbach
Bernried
Öd
Haslarn
Zadní Milíře
Bezděk
E50
D5
17
10
6
7
8
21
22

Mächtige Granitblöcke formen das nach der preußischen Monarchin Luise benannte, größte Felsenlabyrinth Europas.

bäder, sowie ein etwas abseits gelegenes, riesiges Granitsteinmeer. Lange von den Einheimischen gefürchtet und gemieden, räumte kein Geringer als Wolfgang von Goethe mit Aberglauben und Mythen auf, und bewies, dass die Ansammlung von gigantischen Steinblöcken im Felsenlabyrinth Luisenburg kein Teufelswerk ist, sondern durch ganz natürliche Erosion entstand.

Im benachbarten Wunsiedel erblickte im Jahre 1763 Johann Paul Friedrich Richter das Licht der Welt, er sollte später unter seinem Künstlernamen Jean Paul als Poet bekannt werden. Sein Ausspruch: „Nur Reisen ist Leben, wie umgekehrt das Leben Reisen ist", drückt genau das aus, was meine Einstellung zum Motorradfahren ausmacht.

Mit der übergroßen Kanne macht die Stadt Selb deutlich, dass sie der Nabel der Porzellanwelt ist.

Unterwegs auf Porzellan

Unter Umgehung größerer Orte durchmesse ich die facettenreiche Region zwischen Fichtelgebirge und Böhmerwald, bis ich kurze Zeit später in Waldsassen aus dem Sattel steige und tief beeindruckt zur dortigen Basilika aufschaue, die zu den bedeutendsten und prächtigsten Barockkirchen des süddeutschen Raums gehört. Tschechien scheint zum Greifen nahe, als mir die Porzellanstraße unter die

Räder kommt und mich in die wichtigsten Zentren der Porzellanindustrie führt. Rohstoffe, die zur Herstellung des weißen Goldes benötigt wurden, sowie jede Menge Brennholz fand hier Carolus Magnus Hutschenreuther Ende des 19. Jahrhunderts. Kaum hatte seine junge Firma mit der Produktion begonnen, siedelten sich weitere namhafte Unternehmen in der Umgebung an.

Während in Arzberg schöne Dinge für den täglichen Gebrauch hergestellt werden, wird das weiße Gold der Oberpfalz in Marktredwitz überwiegend für technische Keramik verwendet. Dass man in Selb die Endprodukte aus Kaolin, Feldspat und Quarz auch Klasse findet, macht eine übergroße Teekanne am Kreisverkehr deutlich, deren Bauch den Erdball abbildet. Etwa zur gleichen Zeit wie Hutschenreuther mixte der Apotheker Gottlieb Vetter aus den Kräutern und Beeren des hiesigen Sechsämterlandes einen Likör mit immerhin 33% Alkohol und brachte ihn als „Sechsämtertropfen" in den Verkauf. Wohl bekomms!

Keinen Bären aufbinden

Völlig nüchtern folge ich der Porzellanstraße noch ein Stückchen und biege dann in Weissenstadt ins Waldsteingebirge ab, das den nordwestlichen Teil des Naturparks markiert. Die einsame Gegend rund um den 880 Meter hohen Großen Waldstein galt einst als Bärenrefugium.

Im 17. und 18. Jahrhundert setzte der Adel Fangprämien aus, um Meister Petz zur Strecke zu bringen. Aus Granitquadern wurden kleine, mit Falltüren und Ködern bestückte Häuser errichtet, um den zotteligen Räuber

Bis vor über 250 Jahren stellte man im einsamen Waldsteingebirge Meister Petz mit Fallen nach.

Postkartenidylle im malerischen Bad Berneck.

zu fangen. Glaubt man einer Sage, wurden einst zwei verstörte Mönche aus dem sogenannten Bärenfang befreit, sie hatten während eines Unwetters in der ungewöhnlichen Hütte Schutz gesucht und waren wortwörtlich in die Falle gegangen.

Ein Schräglagenwechsel folgt dem nächsten, als ich nach Bad Berneck im Tal der Ölschnitz schwinge. In dem malerischen Städtchen können sich seit 2015 zweiradbegeisterte Brautpaare im Motorradstandesamt das Ja-Wort geben und den Bund fürs Leben schließen.

Zum Abschluss der heutigen Tour finde ich mein Glück auf der B 85, besser bekannt als Bier- und Burgenstraße, die vom thüringischen Kyffhäuser durch Deutschlands schönste Regionen bis ins bayerische Passau führt. Ihr begegne ich am Ortsrand Bayreuths, lasse den höchsten Gang einrasten und strebe erfüllt südwärts.

Der weiße Riese

Navigation mal ganz simpel: Zum Oberpfälzer Wald? Einfach am Monte Kaolino links abbiegen! Das größte deutsche Kaolinvorkommen, ein für die Papier- und Porzellanherstellung dringend benötigtes Mineral, wird bei Hirschau abgebaut und zu einem imposanten Berg aufgehäuft. Der weiße Riese ist für Snowboarder und Skifahrer ganzjähriges Übungsgelände und für mich ein prima Ansteuerungspunkt.

Nach Weiden in der Oberpfalz und Neustadt an der Waldnaab verlasse ich auf der B 15 den Naturpark und dringe in das bis an die tschechische Grenze reichende Stiftland. Der Legende nach errichtete der Regensburger Mönch Gerwig im 12. Jahrhundert in der Nähe ein erstes bescheidenes Gotteshaus. Vom befreundeten Markgrafen Diepold sollte er so viel Land gestiftet bekommen, wie an einem Tag auf einem Esel umrundet werden konnte. Daher der Name Stiftland.

Von Turm zu Turm

Deutlich jünger ist der Grenzlandturm in Neualbenreuth, der erst seit gut 50 Jahren das unverwechselbare Wahrzeichen der Marktgemeinde ist. Zu seinen Füßen lässt sich gut rasten und nach einem Becher Kaffee sieht die Welt gleich ganz anders aus. Und noch anders von oben: Über 82 Stufen gelange ich zur Aussichtsplattform in 19 Meter Höhe. Das Panorama über das Stiftland und das Egerland erscheint mir besonders eindrucksvoll, weil in diesem Moment der Himmel aufreißt und die Sonne für einen kurzen Moment zum Vorschein kommt.

Dem Grenzverlauf treu bleibend weist kurze Zeit später ein Schild auf den Mittelpunkt Europas hin. Neugierig und voller Erwartung lenke ich meine Maschine auf einer langen und schmalen Straße bis an einen Waldrand, wo mir ein Schild die Weiterfahrt verbietet – drei Kilometer vor dem Ziel.

Doch mein Frust währt nicht lange, denn kurviger Asphalt führt mich nach Mähring, wo 1953 von Heimatvertriebenen die St. Anna-Kapelle errichtet wurde. 20 Jahre später kam ein Aussichtsturm dazu, von dem ich einen herrlichen Ausblick über den

Ein amtliches Schild verbietet die motorisierte Anreise zum Mittelpunkt Europas.

St. Anna-Kapelle bei Mähring (oben) und der Grenzturm von Bärnau (unten).

Böhmerwald genieße. Mittlerweile wurde der Kalte Krieg beendet, Regime vertrieben und Grenzen geöffnet – Europa wuchs zusammen. Und hält hoffentlich zusammen!

Da kommt Bärnau, die Stadt der Knöpfe gerade recht. Im örtlichen Museum dreht sich alles um den wenig beachteten Gegenstand, dessen Wichtigkeit erst mit seinem Fehlen bemerkt wird. Fehlen darf auf keinen Fall ein Besuch des Bärnauer Grenzlandturms: Er ist mit seinen fast 100 Dienstjahren der Methusalem unter den Türmen, die ich heute anfahre und versteckt sich etwas schüchtern im nahen Wald unmittelbar am tschechischen Staatsgebiet.

Vom Granit zum Glas

Zurück im Naturpark kurve ich am Entenbühl vorbei, mit 900 Metern die höchste Erhebung des Oberpfälzer Waldes und erreiche Flossenbürg. Graue Wolkenfetzen schrammen am mächtigen Bergfried der Burgruine entlang und lassen ihn immer wieder für kurze Momente verschwinden.

Fast alles ist vom nahen Konzentrationslager verschwunden, in dem während des Dritten Reiches Häftlinge unter unmenschlichen Bedingungen den für seine besonders gute Qualität bekannten Flossenbürger Granit abbauen mussten. Die ehemalige Kommandantur überdauerte und dient heute als Gedenkstätte.

Im nicht weit entfernten Georgenberg stoße ich auf die Glasstraße, deren Belag aber aus ganz ordinärem Teer besteht. Sie führt auf 250 Kilometern von Neustadt an der Waldnaab quer durch den Oberpfälzer und den Baye-

Die Häftlinge des KZ Flossenbürg mussten Granit für den Bau der Welthauptstadt Germania aus den Steinbrüchen heranschaffen.

rischen Wald bis nach Passau und berührt dabei bekannte und historische Produktionsorte.

Die sanft gewellten Kuppen des angrenzenden Mittelgebirges Böhmerwald erstrecken sich von Horizont zu Horizont. Der 100 Kilometer lange Höhenzug verläuft hinunter bis nach Oberösterreich, kümmert sich dabei nicht um Grenzen und ist weder bayerisch, noch böhmisch oder gar österreichisch. Die ausgedehnten Mischwälder werden nur selten von bäuerlichen Dörfern oder satten Weiden unterbrochen, sobald ich den Motor ausschalte, umgibt mich mystische Stille.

Im finsteren Forst

Das Hinweisschild zum Böhmerwaldturm kann ich einfach nicht ignorieren, zu groß ist mein Entdeckerdrang. Der Aussichtspunkt soll sich bei Schönsee auf dem fast 900 Meter hohen Weingartnerfels befinden. Mit meiner Reiseenduro tauche ich immer tiefer in den finsteren Forst ein, bis mich eine Schranke und die schlechter werdende Piste an der Weiterfahrt hindern. Schade.

Der Flossenbürger Granit glänzt mit hoher Qualität und gilt als sehr widerstandsfähig.

Das im Renaissancestil erbaute Nabburger Tor gilt als der schönste Durchlass in der Amberger Stadtbefestigung.

Als kleine Entschädigung nimmt mich die Schwarzach mit zum Silbersee. Doch der Indianerhäuptling Winnetou lässt sich nicht blicken. Dafür wartet im nahen Waldmünchen die Erinnerung an einen anderen, weniger edlen Krieger: Mitte des 18. Jahrhunderts befehligte der gefürchtete Pandurenoberst Franz Freiherr von der Trenck ein tausend Mann starkes Heer und belagerte dabei auch diesen Ort.

Ein einfacher, aber wortgewandter Pfarrer konnte damals Plünderungen und Brandschatzungen verhindern. Die Frömmigkeit der Oberpfälzer zeigt sich bis heute in der großen Zahl von Gotteshäusern aller Stilepochen.

Hier findet der Naturpark sein Ende, meine Tour allerdings noch lange nicht. Einige Kilometer später erkunde ich das Gebiet der Oberpfälzer Seenplatte: Nach 1000-jährigem Erzbergbau, die Oberpfalz galt als das Ruhrgebiet des Mittelalters, liefen die ausgebeuteten Tagebaugruben voll und schufen glitzernde Wasserflächen, die von einem dichten Nebenstraßennetz umsponnen werden.

Ich verabschiede mich von den ehemaligen Orten harter Maloche und besuche auf meinem Rückweg noch das hübsche Amberg, die einstige Residenzstadt der pfälzischen Kurfürsten. Als ich abends durch das Tor der Sulzbach-Rosenberger Stadtmauer rolle, steigt die Vorfreude auf ein frisch gezapftes, kühles Bier im Sperber-Bräu. ◀

INFOS ZUR TOUR

CHARAKTERISTIK

Im Nordosten Bayerns erstreckt sich der Naturpark Fichtelgebirge über 1000 Quadratkilometer Fläche, bekannt für seine bizarren Granitformationen und stillen Moore. Main, Eger, Naab und Saale entspringen hier und streben in alle Himmelsrichtungen. Der dünn besiedelte Naturpark Nördlicher Oberpfälzer Wald ist rund ein Drittel größer und verläuft entlang der tschechischen Grenze. Als reizvolle Bindeglieder zwischen beiden Regionen fungieren Steinwald und Stiftland, deren Höhen ebenfalls an die Tausendmetermarke heranreichen. Gut ausgebaute und ausgeschilderte Straßen führen durch weite Nadel- und Mischwälder, die von zahlreichen Wasserläufen durchzogen sind. Malerische Ortschaften mit blumengeschmückten Marktplätzen, reichen Giebeln und prächtigen Brunnen laden zur Pause ein.

ÜBERNACHTUNG

Brauereigasthof Sperber-Bräu

Wer die schönsten Flecken zwischen Fränkischer Schweiz und Oberpfälzer Wald bereisen möchte, trifft mit dem gastlichen Haus eine gute Wahl. Tagsüber Meilen machen, abends frisch gezapfte, preisgekrönte Biere aus der eigenen Brauerei und deftige Leckereien aus der oberpfälzer Küche genießen.

www.sperber-braeu.de

GPS 49.50399, 11.74268

ATTRAKTIONEN

Weiterführende Informationen zu den im Text genannten Sehenswürdigkeiten / Museen im Internet:

Felsenlabyrinth Luisenburg

www.wunsiedel.de/tourismus/felsenlabyrinth-luisenburg/

Basilika Waldsassen

www.pfarrei-waldsassen.de/basilika/basilika-waldsassen/

Porzellanstraße Fichtelgebirge

www.porzellanstrasse.de

Motorradstandesamt Bad Berneck

www.motorradstandesamt.de

Schluchten-flitzer

Mit einem Ohrwurm im Gehörgang unterwegs zwischen Kuscheltieren und Kometen, Kirchen und Klöstern. Die Krater- und Karstlandschaften der Schwäbischen Alb und des Donautals machen doppelt Spaß, wenn man versucht, mehrmals schnell hintereinander den vertrackten Zungenbrecher „In Ulm, um Ulm und um Ulm herum“ aufzusagen. Weils außer Konzentration nichts kostet, haben die sparsamen Schwaben bestimmt nichts dagegen.

Auf einem Felssporn im Oberen Donautal wurde das Schloss Werenwag erbaut.

TOUREN-STECKBRIEF

BASISORT

Ulm (48.393435, 9.992285)

STRECKENLÄNGE

ca. 500 km

DAUER DER TOUR

2 Tage

ROADBOOK

Tour 1: Ulm, Giengen an der Brenz, Dischingen, Neresheim, Aufhausen, Nördlingen, Oettingen, Wemding, Harburg, Donauwörth, Bissingen, Dillingen, Günzburg, Ulm (240 km)

Tour 2: Ulm, Blaustein, Blaubeuren, Ehingen, Riedlingen, Sigmaringen, Fridingen, Beuron, Leibertingen, Schwenningen, Storzingen, Veringenstadt, Zwiefalten, Ehingen, Erbach, Ulm (260 km)

S. 87

Abtei Neresheim
Kösingen
Forheim
Bollstadt
Aufhausen
Schaffhausen
Mauren
Untermagerbein
Ebermergen
Rohrbach
Wallfahrtskirche Buggenhofen
DONAUWÖRTH
Burgmagerbein
Bissingen
Frickingen
Hofen
Katzenstein
Amerdingen
Zoltingen
Diemantstein
Riedlingen
Dunstelkingen
Eglingen
Unterbissingen
Oppertshofen
Nordheim
Thurn & Taxis Schloss
Trugenhofen
Oberliezheim
Brachstadt
Auchsesheim
Asbach-Bäumenheim
Demmingen
Unterliezheim
Ballmertshofen
Erlingshofen
Heißesheim
Unterfinningen
Berghausen
Wolpert-stetten
Tapfheim
Mertingen
Finningen
Schwennenbach
Schwenningen
Ziertheim
Mödingen
Lutzingen
Oberglauheim
Gremheim
Druisheim
Oberbechingen
Kloster Maria Medingen
Bergheim
Blindheim
Lauterbach
Mörslingen
HÖCHSTÄDT a.d.Donau
Wittislingen
Allmannshofen
Schabringen
Pfaffenhofen
Butten-wiesen
Unterthürheim
Frauenried-hausen
Steinheim
Ehingen
Oberthürheim
Wortelstetten
Ahlingen
Donaualtheim
Frauenstetten
Hausen
LAUINGEN (Donau)
Maria Himmelf.
DILLINGEN a.d.Donau
Kicklingen
WERTINGEN
Zusam
Schimmelturm
Wertinger Schloss
Possenried
Ehingen a. Ries
Steinhart
Hüssingen
Schlittenhart
Hainsfarth
Katharinenhof
Schloss Oettingen
OETTINGEN i.Bayern
Ober-appenberg
GUNDELFINGEN a.d.Donau
Megesheim
Ursheim
Döckingen
Peterswörth
Maihingen
Haid
Lerchenbühl
Polsingen
Hygstetter-hof
Weisingen
HEUBERG
Munningen
Kronhof
Aislingen
Weiler
Marktoffingen
Hagau
Wörnitz
Laub
Schloss Wallerstein
Birkhausen
Wechingen
Amerbacher-kreut
Amerbach
Steinbühl
Gund-remmingen
Wallerstein
Pfäfflingen
Schnuttenbach
Speckbrodi
Wallfahrtskirche Maria Brünnlein
WEMDING
Ehringen
Löpsingen
Holzkirchen
Rettenbach
Remshart
Ingershof
Riesbürg
BALDINGEN
Deiningen
Fessenheim
Wildbad
Lommers-heim
Trochtel-fingen
NÖRDLINGEN
St.Georg
Alerheim
Wörnitzostheim
Hammer-stetten
Nähermemmingen
Rieskrater Museum
Grosselfingen
Gosheim
Fünfstetten
Utzmemmingen
Kleinerdlingen
Bühl
Holheim
Huisheim
Härtsfeldhausen
Herkheim
Reimlingen
Eger
Lierheim
Heroldingen
Dehlingen
Villa rustica
Hoppingen
Burg Harburg
Mündling
Sulzdorf
Ederheim
Möttingen
Mörtingen
Merzingen
HARBURG
Ruine Hochhaus
Schweindorf
Kleinsorheim
Hohenaltheim
Christgarten
Möggingen
Brünsee
Dossingen
Ohmenheim
Rauhe Wanne
Mönchsdeggingen
Burgmagerbein

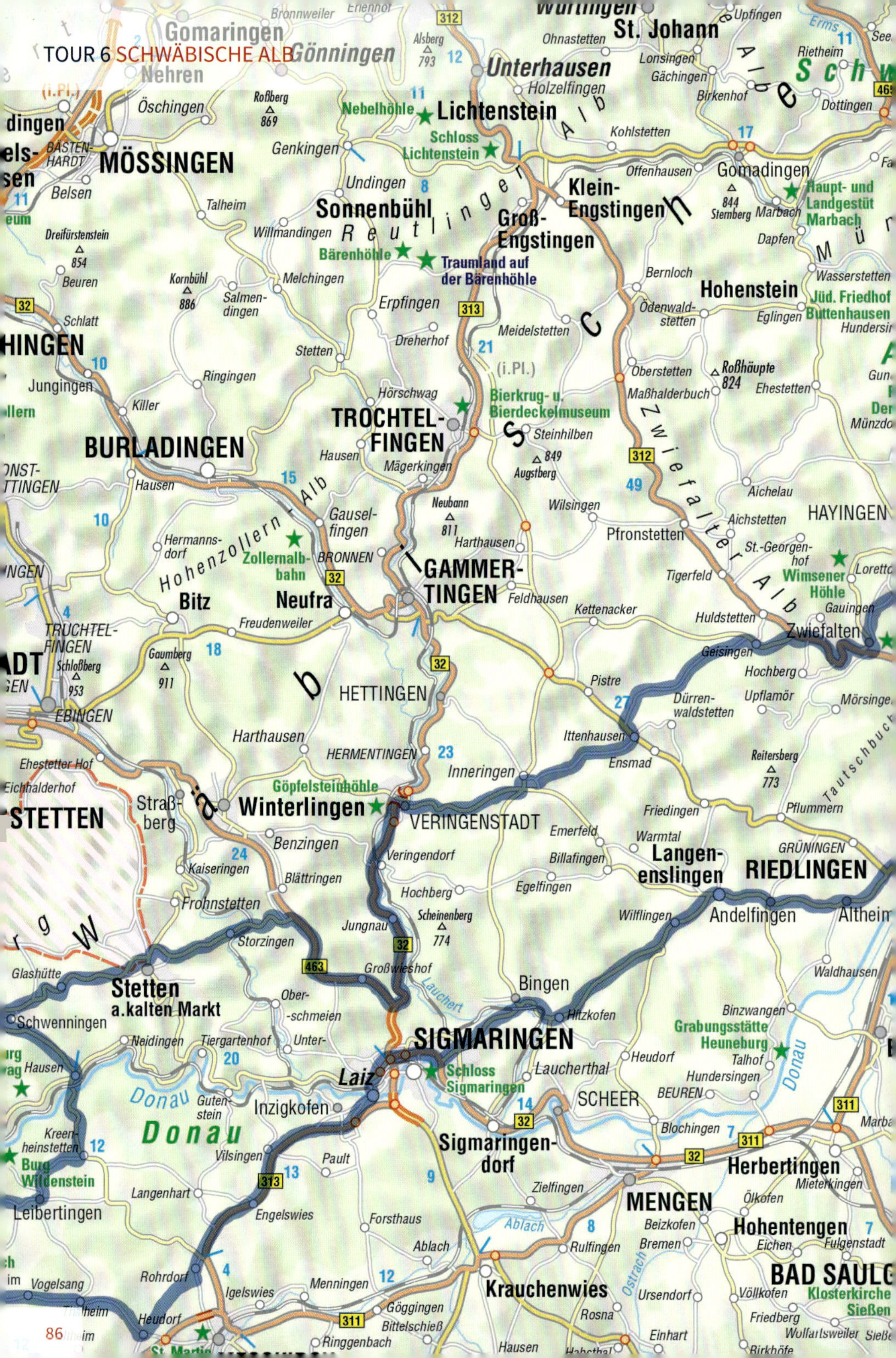
Gomaringen
Gönningen
Nehren
Unterhausen
St. Johann
Upfingen
Ohnastetten
Lonsingen
Gächingen
Rietheim
Holzelfingen
Birkenhof
Dottingen
Alsberg
793
Öschingen
Roßberg
869
Nebelhöhle
Lichtenstein
Schloss Lichtenstein
Kohlstetten
MÖSSINGEN
BASTEN-HARDT
Genkingen
Offenhausen
Gomadingen
Belsen
Undingen
Klein-Engstingen
844
Sternberg
Marbach
Haupt- und Landgestüt Marbach
Talheim
Sonnenbühl
Groß-Engstingen
Dapfen
Willmandingen
Reutlinger Alb
Dreifürstenstein
854
Bärenhöhle
Traumland auf der Bärenhöhle
Beuren
Kornbühl
886
Melchingen
Salmendingen
Bernloch
Wasserstetten
Hohenstein
Jüd. Friedhof Buttenhausen
Erpfingen
Ödenwaldstetten
Eglingen
Hundersingen
Schlatt
Dreherhof
Meidelstetten
Stetten
Oberstetten
Roßhäupte
824
Ehestetten
Jungingen
Ringingen
Hörschwag
Maßhalderbuch
Killer
TROCHTELFINGEN
Bierkrug- u. Bierdeckelmuseum
Steinhilben
Zwiefalter Alb
BURLADINGEN
Hausen
Mägerkingen
849
Augstberg
Hausen
Neubann
811
Wilsingen
Aichelau
Gauselfingen
Aichstetten
HAYINGEN
Hermannsdorf
Zollernalbbahn
Hohenzollern-Alb
BRONNEN
Harthausen
Pfronstetten
St.-Georgenhof
Wimsener Höhle
GAMMERTINGEN
Tigerfeld
Bitz
Neufra
Feldhausen
Kettenacker
Huldstetten
Gauingen
TRUCHTELFINGEN
Freudenweiler
Zwiefalten
Schloßberg
953
Gaumberg
911
Geisingen
Hochberg
HETTINGEN
Pistre
Dürrenwaldstetten
Upflamör
Mörsingen
EBINGEN
Harthausen
Ittenhausen
HERMENTINGEN
Inneringen
Ensmad
Reitersberg
773
Ehestetter Hof
Eichhalderhof
Göpfelsteinhöhle
Friedingen
Pflummern
Tautschbuch
STETTEN
Straßberg
Winterlingen
VERINGENSTADT
Emerfeld
Warmtal
Benzingen
Veringendorf
Billafingen
Langenenslingen
GRÜNINGEN
RIEDLINGEN
Kaiseringen
Blättringen
Hochberg
Egelfingen
Frohnstetten
Scheinenberg
774
Wilflingen
Andelfingen
Altheim
Storzingen
Jungnau
Glashütte
Großwieshof
Waldhausen
Stetten a.kalten Markt
Ober-schmeien
Bingen
Lauchert
Hitzkofen
Binzwangen
Schwenningen
Grabungsstätte Heuneburg
Neidingen
Tiergartenhof
Unter-
SIGMARINGEN
Talhof
Hausen
Laiz
Schloss Sigmaringen
Heudorf
Laucherthal
Hundersingen
Donau
Gutenstein
Inzigkofen
SCHEER
BEUREN
Kreenheinstetten
Blochingen
Burg Wildenstein
Sigmaringendorf
Herbertingen
Vilsingen
Pault
Mieterkingen
Langenhart
Zielfingen
MENGEN
Leibertingen
Ölkofen
Engelswies
Forsthaus
Ablach
Beizkofen
Hohentengen
Bremen
Ablach
Eichen
Fulgenstadt
Rulfingen
Ostrach
Rohrdorf
Menningen
Krauchenwies
BAD SAULGAU
Vogelsang
Igelswies
Ursendorf
Völlkofen
Klosterkirche Sießen
Göggingen
Rosna
Heudorf
Bittelschieß
Friedberg
Ringgenbach
Einhart
Wolfartsweiler
Sießen
Hausen
Birkhöfe

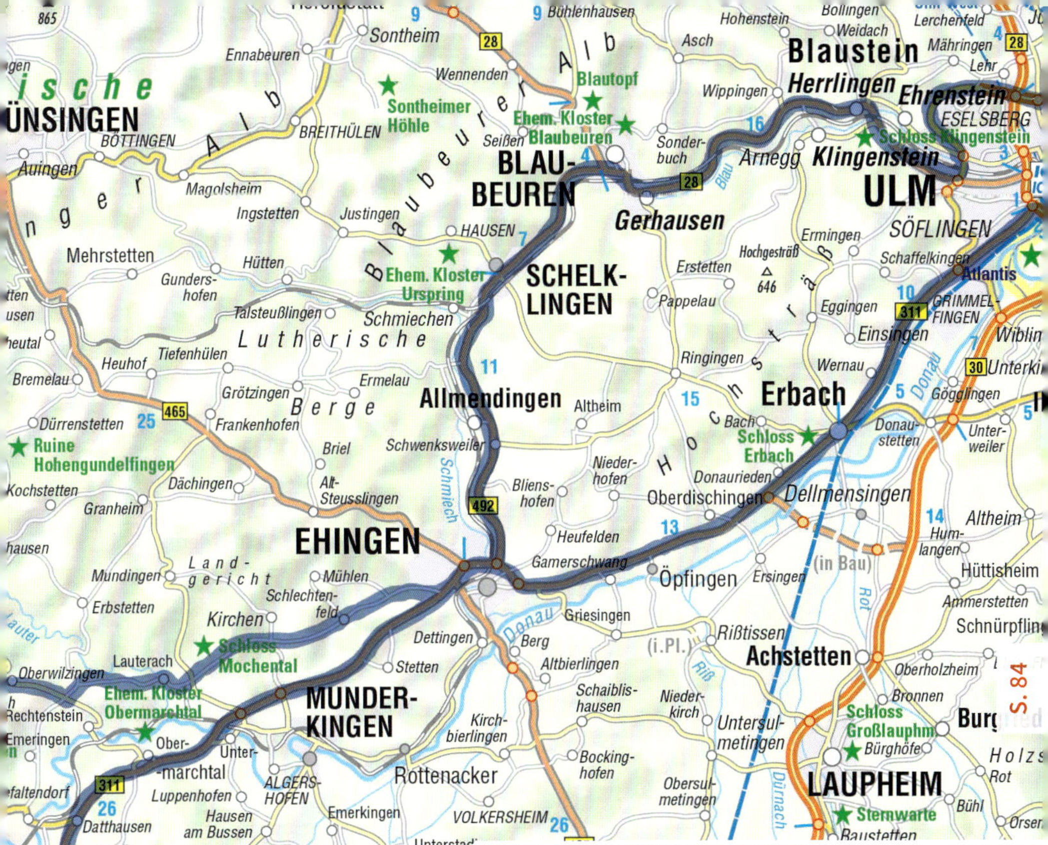

Sontheim
Ennabeuren
Sontheimer Höhle
Wennenden
Blautopf
Ehem. Kloster Blaubeuren
Bühlenhausen
Hohenstein
Asch
Blaustein
Herrlingen
Ehrenstein
Lerchenfeld
Mähringen
Lehr
ESELSBERG
MÜNSINGEN
BÖTTINGEN
BREITHÜLEN
Seißen
BLAU-BEUREN
Sonderbuch
Arnegg
Klingenstein
Schloss Klingenstein
ULM
Wippingen
Auingen
Magolsheim
Ingstetten
Justingen
HAUSEN
Gerhausen
SÖFLINGEN
Ermingen
Mehrstetten
Hütten
Gundershofen
Ehem. Kloster Urspring
SCHELK-LINGEN
Erstetten
Hochgesträß
646
Schaffelkingen
Atlantis
Talsteußlingen
Schmiechen
Lutherische Berge
Pappelau
Eggingen
GRIMMELFINGEN
Einsingen
Wiblingen
Bremelau
Heuhof
Tiefenhülen
Ringingen
Wernau
Unterkirchberg
Grötzingen
Ermelau
Allmendingen
Altheim
Erbach
Gögglingen
Dürrenstetten
Frankenhofen
Bach
Schloss Erbach
Donaustetten
Unterweiler
Ruine Hohengundelfingen
Briel
Schwenksweiler
Niederhofen
Hochsträß
Kochstetten
Dächingen
Alt-Steusslingen
Blienshofen
Donaurieden
Oberdischingen
Dellmensingen
Granheim
Altheim
Humlangen
EHINGEN
Heufelden
Gamerschwang
Öpfingen
Ersingen
(in Bau)
Hüttisheim
Mundingen
Landgericht
Mühlen
Ammerstetten
Erbstetten
Schlechtenfeld
Griesingen
Kirchen
Schnürpflingen
Dettingen
Berg
(i.Pl.)
Rißtissen
Schloss Mochental
Lauterach
Stetten
Altbierlingen
Achstetten
Oberholzheim
Oberwilzingen
Ehem. Kloster Obermarchtal
MUNDER-KINGEN
Schaiblishausen
Niederkirch
Bronnen
Rechtenstein
Kirchbierlingen
Untersulmetingen
Schloss Großlaupheim
Burgrieden
Emeringen
Obermarchtal
Untermarchtal
Bürghöfe
Rottenacker
Bockinghofen
Holzschwang
Luppenhofen
ALGERSHOFEN
LAUPHEIM
Faltendorf
Obersulmetingen
Rot
Hausen am Bussen
Emerkingen
VOLKERSHEIM
Sternwarte
Bühl
Datthausen
Baustetten
Orsenhausen
Dürnach
Schmiech
Donau
Blau
Riß
Rot

Straßberg
Winterlingen
VERINGENSTADT
Emerfeld
Benzingen
Veringendorf
Billafingen
Reutlingendorf
Unterwachingen
Kaiseringen
Blättringen
Hochberg
Egelfingen
Dietelhofen
Dieterskirch
Frohnstetten
Scheinenberg
774
Jungnau
Ungendorf
Unlingen
Bussen
767
Offingen
Storzingen
Großwieshof
Göffingen
Schönfeld
Glashütte
Stetten a.kalten Markt
Bingen
Hailtingen
Heuberg
Oberschmeien
Hitzkofen
Heudorf
Schwenningen
Neidingen
Tiergartenhof
Unter-
SIGMARINGEN
Gnadenweiler
Burg Werenwag
Hausen
Laiz
Schloss Sigmaringen
Laucherthal
Obere Donau
Gutenstein
Inzigkofen
Bärenthal
Irndorf
Sigmaringendorf
Kolbingen
Erzabtei Beuron
Kreenheinstetten
Vilsingen
Pault
Beuron
Burg Wildenstein
Zielfingen
Kolbinger Höhle
Langenhart
Engelswies
Forsthaus
Steighof
Leibertingen
Donautal
Donaudurchbruch
Ablach
Rulfingen
Rohrdorf
FRIDINGEN a.d.Donau
Buchheim
Vogelsang
Igelswies
Menningen
Krauchenwies
Thalheim
Göggingen
Heudorf
Bittelschieß
Altheim
Ringgenbach
Hausen
Habsthal
Gründelbuch
St. Martin Messkirch
MESSKIRCH
Neuhausen ob Eck
Worndorf
Dietershofen
Oberbichtlingen
Rengetsweiler
Zell
Krumbach
Donau
Lauchert
Ablach
Bära

S. 84

Panorama von Ulm, mit dem höchsten Kirchturm der Welt.

Wie ein mahnender Zeigefinger ragt der imposante Turm des Ulmer Münsters in den Himmel, ein faszinierender Anblick, den ich wohl nie vergessen werde. Was eignet sich besser, um einen Überblick über das Schwabenland zu gewinnen, als den höchsten Kirchturm der Welt zu erklimmen? Unzählige Stufen steige ich empor – schnaufend, fluchend, schwitzend. Doch das Panorama entschädigt für alle Mühen.

Später kehre ich der Innenstadt den Rücken zu und strebe nach Nordwesten. Mit dem Lonetal erreiche ich eine Wiege der menschlichen Kultur, denn Funde beweisen, dass vor über 30 000 Jahren der Homo sapiens hier Mammut und Riesenhirsch jagte, und der unscheinbare Wasserlauf, an dem ich entlang tingele, einst ein mächtiger Fluss war.

Weil auch Motorradfahrer gelegentlich mal kuscheln möchten, führt mich ein Abstecher nach Giengen an der Brenz, wo Margarete Steiff Mitte des 19. Jahrhunderts geboren wurde. Im elterlichen Haus richtete der Vater eine Nähstube für seine an Kinderlähmung erkrankte Tochter ein, die später mit unvorstellbarer Willenskraft zur Unternehmerin aufstieg und mit dem „Elefäntle" den ersten Stofftier-Verkaufsschlager schuf.

Das Markenzeichen „Knopf im Ohr" ist mittlerweile über 100 Jahre alt und auf der ganzen Welt bekannt. Das Steiff-Museum ist kinderleicht zu finden, ich muss nur der Ausschilderung mit dem Teddykopf folgen. Eine prima

Gelegenheit, Reisemitbringsel für die ganze Familie zu erstehen.

Für mehr als nur eine Familie reicht der Wohnraum im Dischinger Schloss Taxis. Aus dem Egautal mit seinen Quellen wedel ich durch alte Kastanienalleen hinauf zum Sommersitz der Fürsten von Thurn und Taxis, die aber unter sich bleiben möchten, denn das adlige Gemäuer am Rande der Riesalb ist leider nicht zu besichtigen.

Die Strecke zum nächsten bemerkenswerten Baudenkmal verwöhnt die Augen, malträtiert aber das Gesäß. Auf dem Ulrichsberg über dem Ort Neresheim steht seit mehr als 250 Jahren eine Respekt einflößende Benediktinerabtei. Die Klosteranlage gilt als eine herausragende Sehenswürdigkeit in Baden-Württemberg und steht dem kulturell Interessierten offen.

Das Laufen macht in dicken Stiefeln aber keinen Spaß, daher biege ich gleich hinter dem Gotteshaus rechts ab nach Kösingen.

Steil und windungsreich geht es bergauf, die Etappe Aufhausen – Ederheim macht mich richtig an: Ein Kurvenspektakel ohne Ende, dunkle Walddurchfahrten und enge Täler, in Christgarten einmal kurz Gas wegnehmen und dann flott weiter, ein wunderschöner Alb-Traum.

Um das Nördlinger Ries

In der historischen Nördlinger Altstadt stoppe ich den Motor, gönne mir eine Kaffeepause und schlendere anschließend in das Rieskrater-Museum. Am Nördlinger Ries treffen nicht nur Schwäbische und Fränkische Alb aufeinander, sondern auch Baden-Württemberg und Bayern. Geologen rätselten lange über seltene Gesteinsfunde, bis 1960 die ersten Fotos aus dem Weltall vorlagen und das kreis-

Ulms Fischer- und Gerberviertel liegt direkt an der Donau.

runde Riesbecken mit einem Durchmesser von 25 Kilometern sichtbar wurde. Niemand ahnte bis dahin, dass vor etwa 15 Millionen Jahren ein Meteorit hier einschlug. Es ist nicht nur einer der größten Krater Europas, sondern der besterhaltene und besterforschte der Welt.

Nach der ehemaligen Residenzstadt Oettingen mit ihrer fast intakten Ringmauer gelange ich nach Wemding mit der kleinen Wallfahrtskirche Maria Brünnlein und dem Gasthaus „Zur Wallfahrt". Im angeschlossenen Pilgergarten lasse ich mir Schmankerln der bayerischen Küche schmecken – Mahlzeit! Die stark gewundene Wörnitz verbindet Oettingen mit Donauwörth, dazwischen liegt Harburg in Schwaben. Die Ortschaft klebt förmlich an den Hängen des Schlossberges, obendrauf trotzt die uneinnehmbare Festungsanlage der Harburg. Die romantische Straße durchbohrt den Höhenzug wie einen gigantischen Schweizer Käse.

Ich swinge ins beschauliche Donauwörth und erreiche damit das Donauried, eine wasserreiche Flusslandschaft zwischen dem westlichen Bayern und Ulm. Ganz bewusst weiche ich von der Hauptstraße ab und kletter noch einmal hinauf nach Bissingen auf der Riesalb.

Diese Landschaft beeindruckt mit tiefen Forsten und jeder Menge Kurven, die flott angegangen werden können. Dazwischen ruhen die typischen Wacholderheiden als Weidegebiete für Schafe. Von einem Hochplateau aus entdecke ich ein halbes Dutzend Zwiebeltürme, die die umliegenden Kirchen schmücken.

Erst kurz vor Dillingen tauche ich wieder ins breite Donautal ein und kämpfe mich auf der B 16 stromaufwärts durch ehrwürdige Orte und kleine Auwälder. Bis Günzburg bleibe ich dem nördlichen Donauufer treu, dann wechsel ich die Seiten und strebe zurück nach Ulm.

Einfach mal blau machen!

Schaffensfreudig soll man in Schwaben sein, das stimmt – fleißig sprinte ich durch die herrlich weiten Kurven des Blautals. Den Schwaben sagt man auch überzogene Sparsamkeit nach, was ich voll bestätigen kann, denn gerade Streckenabschnitte sucht man zwischen Blaustein und Blaubeuren vergeblich. Scheinbar fielen sie dem Geiz zum Opfer. Umso verwunderlicher, dass für den Besuch des geheimnisvollen Blautopfs kein Eintrittsgeld verlangt wird.

Der Blautopf zählt zu den größten Karstquellen Deutschlands. Die Farbe des Wassers, das aus den Tiefen des Mittelgebirges emporsteigt, variiert vom zarten Türkis bis zum dunklen Blau. Über der Erde bilden die Kalkfelsen der Alb schroffe Felsformationen, das helle Gestein setzt sich deutlich vom satten Grün der Wälder und Wiesen ab. Die üppige Vegetation

Der Blautopf in Blaubeuren zählt zu den größten Karstquellen in Deutschland.

bleibt mir auf dem kurzen Sprint von Blaubeuren nach Ehingen erhalten.

Die gut ausgebaute und stressfrei zu absolvierende B 311 transportiert mich rechts der Donau bis Riedlingen, dann links des träge strömenden Wassers bis in die Kreisstadt Sigmaringen. Dort ragt das bekannte Hohenzollernschloss mit seinen zahlreichen Türmen und Türmchen auf einem mächtigen Jurafelsen über die sehenswerte Altstadt hinaus.

Zeit für einen Imbiss. Spätzle oder Maultaschen? Egal, als Dessert genehmige ich mir auf jeden Fall ein großes Stück spannende Landstraße: auf der B 313 bis hinter Meßkirch und dann mit einer Extraportion Bodenhaftung

Sigmaringens Hohenzollernschloss thront auf einem Kalksteinfelsen oberhalb des Durchbruchtals der Donau.

Das hübsche Riedlingen befindet sich am Südrand der Schwäbischen Alb.

durch wohlgeformte Radien und über anmachende Kuppen weiter nach Fridingen.

Kapriziöse Donau

Im Oberen Donautal angekommen, betrete ich die Kinderstube des zweitgrößten Flusses Europas, dem einzigen großen Wasserlauf, der von West nach Ost fließt und auf seinem fast 3 000 Kilometer langen Weg bis zum Schwarzen Meer zwölf Länder durchquert.

Die Geburt der Donau begann mit einem typischen Fall von historischer Hochstapelei: Weil es die Fürstenresidenz aufwertete, wurde eine Quelle im Schlosspark von Donaueschingen im 18. Jahrhundert kurzerhand kreisrund und bildhübsch eingefasst und zur Donauquelle erklärt.

Ich lasse mich aber nicht hinters Licht führen, wohlwissend, dass sich die im östlichen Schwarzwald entspringenden Läufe von Breg und Brigach am Ortsrand von Donaueschingen vereinigen und erst damit die Donau aus der Taufe heben. Das Naturphänomen Donauversinkung lässt Erinnerungen wach werden: Vor 30 Jahren stand ich schon einmal hier, war deutlich jünger, ohne graue Haare und Bauchansatz, ABS und GPS waren Fremdwörter und der Sommer knochentrocken und bullenheiß. Kopfschüttelnd schritt ich durchs staubige Bett der Donau, das Wasser war verschwunden.

Wie das geht? Ganz einfach: Regen und Schmelzwasser versickern rasch im extrem durchlässigen Jurakalk. Das einfließende Sickerwasser löst den

Kalk und schafft ein sich selbst vergrößerndes Höhlensystem im Untergrund. In diese Hohlräume strömt das Donauwasser und legt unter der Erde weite Strecken zurück, bis es anderer Stelle wieder ans Tageslicht tritt.

Kurveneldorado

Ich mache mich an den kurzweiligen Aufstieg zum Großen Heuberg und staune nicht schlecht über die kurvige und steile Walddurchfahrt zum Knopfmacherfelsen.

Kaum habe ich den Boxer am dortigen Gasthaus geparkt, schlendere ich auf einem schmalen Pfad zur natürlichen Aussichtskanzel. Weißgraue Kalkfelsen schimmern durch das sattgrüne Blätterdach und geben dann den traumhaften Blick auf das Kloster Beuron im engen Donautal frei. Vor meinen Stiefeln stürzen steil abfallende Felswände bis zu 200 Meter in die Tiefe. Glaubt man der Sage, soll Anfang des 19. Jahrhunderts ein reisender Knopfmacher mit seinem Pferd bei Dunkelheit vom Weg abgekommen und hinuntergefallen sein. Zwei Wochen vergingen, bis die zerschmetterten Reste von Ross und Reiter durch Klosterbedienstete entdeckt wurden.

Wenige Kilometer später erreiche ich den imposanten Sakralbau, der auf eine fast 1000-jährige Geschichte zurückblicken kann. Nach einem kurzen Rundgang drehe ich wieder ordentlich am Quirl, um nach Leibertingen auf der Hochfläche Kreenheinstetten zu gelangen. Eine Etappe ohne Geraden und Ausblicke. Und das ist auch gut so, denn das wild gewundene Teerband fordert eine gesunde Mischung aus Vortrieb und Vorsicht.

Dann durcheile ich wieder einmal das Tal der mäandernden Donau, wechsel auf das nördliche Ufer

Toller Blick auf das Donautal bei Beuron.

Das Kloster Zwiefalten ist ein prunkvoller Barockbau.

und steige über zwei enge Serpentinen hinauf nach Schwenningen. Der Fahrspaß nimmt kein Ende und setzt sich bis in das kleine Nest Storzingen an der B 463 fort. Kurz vor Sigmaringen biege ich auf die B 32 ein und schwimme die nächsten Kilometer gegen den Strom der Lauchert nach Veringenstadt.

Vom berühmten Kloster Zwiefalten trennen mich jetzt nur noch gute 20 Kilometer, die es aber in sich haben: Knackige Steigungen, steile Gefällestrecken und jede Menge unübersichtliche Kurven! Dann tauchen plötzlich die markanten Doppeltürme mit ihren geschwungenen Hauben auf. Am prunkvollen Barockbau angekommen, spüre ich meine durstige Kehle. Statt das Gotteshaus zu besichtigen, zische ich in der benachbarten Brauereigaststätte ein klitzekleines Zwiefalter Klosterbräu-Pils. Die geistlichen Herren der Alb mögen es mir verzeihen. Aufmerksamen Beobachtern, wie ich es bin, wird es auffallen, dass in fast jedem noch so kleinen Nest ein Hotel mit Namen Zum Adler, Zum Hirschen oder Zum Lamm zu finden ist. Anscheinend hat man sich im preisbewussten Schwabenland aus Kostengründen entschlossen, nur diese Schilder herzustellen. Auf meinem Rückweg lebe ich meine lose Beziehung zur Donau weiter aus, mal näher, mal auf Abstand.

In Ehingen weist ein Schild auf die B 311 nach Ulm. Als wenig später der über 160 Meter hohe Turm des Ulmer Münsters am Horizont auftaucht, klappt es mit dem reibungslosen Aufsagen des Zungenbrechers schon ganz gut, denn ich tourte ja in Ulm, um Ulm und um Ulm herum! ◄

INFOS ZUR TOUR

CHARAKTERISTIK

Die Schwäbische Alb ist ein typischer Mittelgebirgszug, der durchschnittlich bis zu 700 Metern aufragt. Den Gipfel bildet der bei Rottweil am Westrand der Alb gelegene Lemberg mit 1 015 Meter Höhe. Vor Jahrmillionen aus dem Meer gehoben, breitet sich die Schwäbische Alb mit ihren Tropfsteinhöhlen, Höhenzügen und Tälern zwischen Tuttlingen im Westen und Donauwörth im Osten über 200 Kilometer Länge und 40 Kilometer Breite aus. Sie gleicht einem Schwamm. Unter der Erde durchziehen Wasseradern das poröse Kalkgestein, um nach Lust und Laune der Natur irgendwo aufzutauchen und anderswo wieder zu versickern. Die südliche Grenze formt die windungsreiche Donau, die sich tief in den Felsen geschliffen hat. Hier findet man nicht nur ein wahres Kurveneldorado, sondern auch eine Vielzahl sehenswerter Baudenkmäler.

ÜBERNACHTUNG

Golden Tulip Parkhotel

Das Hotel liegt in einem Park am Ufer der Donau mit bestem Blick auf die Altstadt von Ulm und das berühmte Ulmer Münster. Es ist eine ideale Basis für Motorradtouren in der Schwäbischen Alb und bietet ein Restaurant mit offener Showküche. Garage und Trockenraum sind vorhanden.

www.goldentulip-parkhotel-neu-ulm.com

GPS 48.393435, 9.992285

ATTRAKTIONEN

Weiterführende Informationen zu den im Text genannten Sehenswürdigkeiten / Museen im Internet:

Ulmer Münster Turmbesteigung
www.ulmer-muenster.de

Steiff-Museum Giengen an der Brenz
www.steiff.com

Abtei Neresheim
www.abtei-neresheim.de

Rieskrater-Museum Nördlingen
www.rieskrater-museum.de

Gasthof Zur Wallfahrt Wemding
www.gasthof-wallfahrt.de

BVZ
TOURATECH
BMW

Mitten ins **Herz**

Thüringen hat den Titel „Grünes Herz Deutschlands“ zu Recht verdient, denn kaum ein anderes Bundesland kann größere Wälder vorweisen. Der bei Kniebundhosenträgern beliebte Rennsteig verbindet die rauen Höhen des Thüringer Waldes mit den energiegeladenen Talsperren des Schiefergebirges. Mit dem Motorrad auf Pirsch durch ausgedehnte Forste unter fachkundiger Begleitung von Johann Wolfgang von Goethe.

Lautlos fließt die Saale durch ihr uraltes Bett bei Blankenstein.

EISENACH
Wartburg
Drachenschlucht
Wutha-Farnroda
Hörsel-berg
Sättelstädt
Mechterstädt
Hörselgau
Seebach
WALTERSHAUSEN
Emsetal
RUHLA
Thüringer Wald
Breitenberg 698
Tabarz
Marienglashöhle
FRIEDRICHRODA
Großer Inselsberg 916
Rennsteig
Naturpark
Thüringer Wald
Moorgrund
Luisentaler Wasserfall
Schloss Altenstein
Steinbach
BROTTERODE
Finsterbergen
Tiefenort
Schweina
Ruine Liebenstein
BAD SALZUNGEN
BAD LIEBENSTEIN
Barchfeld
Trusetal
Kleinschmalkalden
Mittlerer Hühenberg 836
TAMBACH-DIETHARZ
Floh-Seligenthal
Breitungen
Fambach
Schloss Wilhelmsburg
Westliches Schiefergebirge
Wernshausen
Ruine Frankenberg
SCHMALKALDEN
Steinbach-Hallenberg
Schwallungen
WASUNGEN
Unserer Lieben Frauen
Viernau
ZELLA-MEHLIS
KALTENNORDHEIM
Dolmar 739
Johanniterburg Kühndorf
Schloss Landsberg
Walldorf
Rhön
Kloster Rohr
MEININGEN
Schloss Elisabethenburg
Meininger Theater
Ellingshausen

TOUREN-STECKBRIEF

BASISORT

Neuhaus am Rennweg (50.50603 11.12964)

STRECKENLÄNGE

ca. 570 km

DAUER DER TOUR

2 – 3 Tage

ROADBOOK

Tour 1: Neuhaus am Rennweg, Schwarzmühle, Ilmenau, Stützerbach, Ilmenau, Crawinkel, Luisenthal, Georgenthal, Floh-Seligenthal, Klein-Schmalkalden, Friedrichroda, Bad Tabarz, Brotterode, Schwarzhausen, Thal, Ruhla, Bad Liebenstein, Trusetal, Schmalkalden, Oberhof, Neustadt am Rennsteig, Sachsenbrunn, Neuhaus am Rennweg (320 km)

Tour 2: Neuhaus am Rennweg, Ernstthal, Lippelsdorf, Probstzella, Lauenstein, Förtschendorf, Saaldorf, Ebersdorf, Saalburg, Gräfenwarth, Burgk, Volkmannsdorf, Bucha, Schmorda, Ranis, Paska, Linkenmühle, Drognitz, Kaulsdorf, Unterwellenborn, Saalfeld, Bad Blankenburg, Unterweißbach, Neuhaus am Rennweg (250 km)

S. 102

STADTILM
ILMENAU
LANGEWIESEN
GEHREN
JESUBORN
KÖNIGSEE
BAD BLANKENBURG
Schwarzatal
Naturpark
Thüringer Wald
Thüringer Schiefergebirge
GROSS-BREITENBACH
OBERWEISSBACH
Fröbelturm
Schleusegrund
NEUHAUS am Rennweg
SCHMALENBUCHE
IGELSHIEB
LAUSCHA
Glasmuseum
Auengrund
EISFELD
St. Nikolai
STEINACH
Frankenblick
SCHALKAU
SONNEBERG
Spielzeugmuseum
NEUSTADT
Rennsteig
Goethe-StadtMuseum
Goethehäuschen
Schaubergwerk Volle Rose
Klosterruine Paulinzella
Schloss Heidecksburg
Burg Greifenstein
Oberweissb. Bahn
Leipziger Turm
Werraquelle
Kickelhahn 861
Masserberg
Katzhütte
Lichte
Ernstthal
Wipfratal
Stützerbach
Frauenwald
Oberhof
Sachsenbrunn
Schirnrod
Saargrund

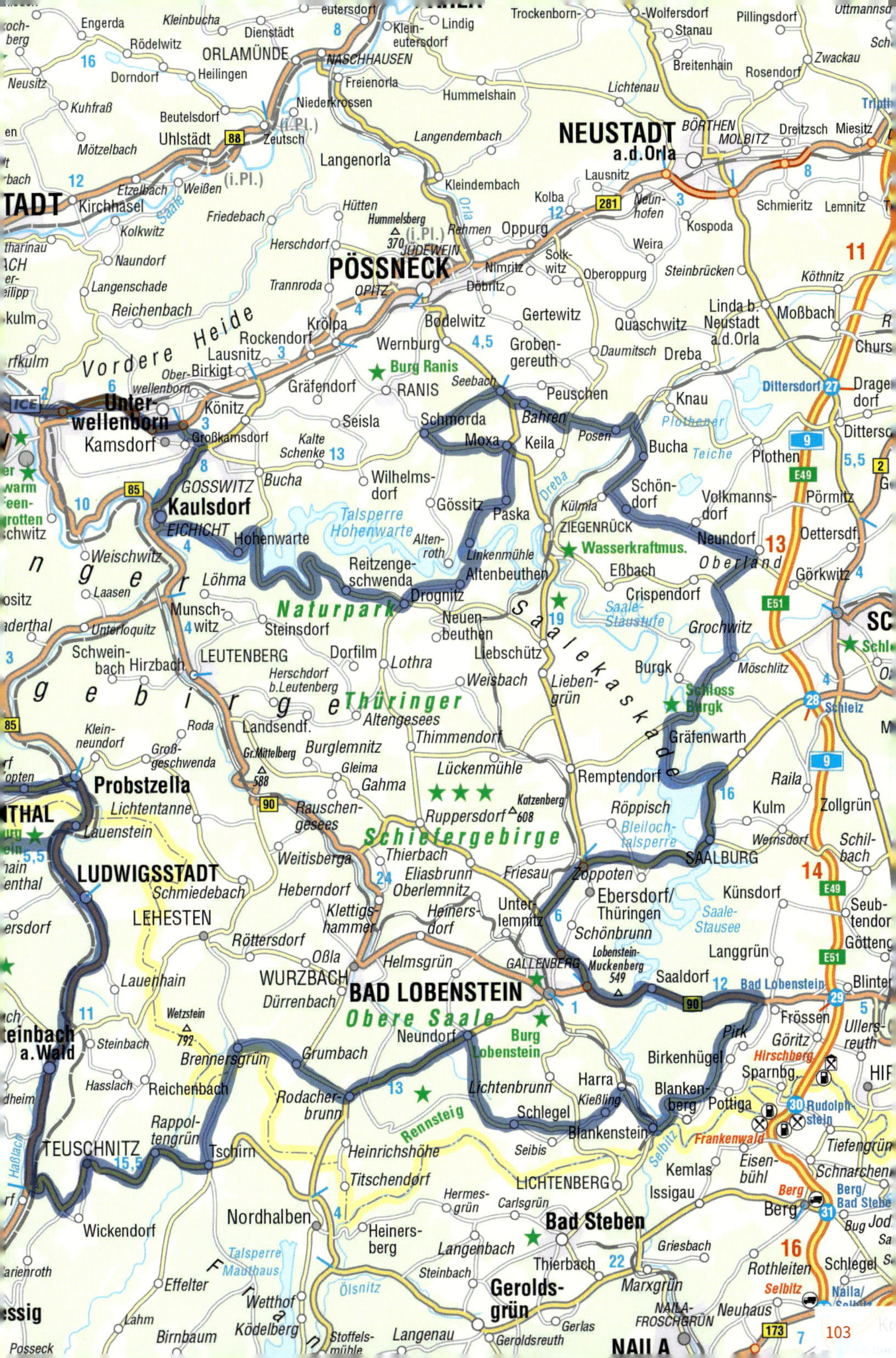

NEUSTADT a.d.Orla
PÖSSNECK
ORLAMÜNDE
Uhlstädt
Zeutsch
Kirchhasel
Langenorla
Kleindembach
Oppurg
Hummelsberg 370
JUDEWEIN
OPITZ
Krölpa
Rockendorf
Wernburg
Burg Ranis
RANIS
Seebach
Peuschen
Schmorda
Bahren
Moxa
Keila
Posen
Bucha
Dittersdorf
Plothener Teiche
Plothen
Unterwellenborn
Könitz
Kamsdorf
Großkamsdorf
Kalte Schenke
Seisla
GOSSWITZ
Kaulsdorf
EICHICHT
Hohenwarte
Talsperre Hohenwarte
Wilhelmsdorf
Gössitz
Paska
Külmla
ZIEGENRÜCK
Wasserkraftmus.
Schöndorf
Volkmannsdorf
Neundorf
Oberland
Linkenmühle
Altenbeuthen
Reitzengeschwenda
Drognitz
Naturpark
Thüringer
Schiefergebirge
Saalekaskade
Eßbach
Crispendorf
Saale-Staustufe
Grochwitz
Möschlitz
Burgk
Schloss Burgk
Schleiz
Gräfenwarth
Remptendorf
Röppisch
Bleilochtalsperre
Raila
Kulm
Zollgrün
Wernsdorf
SAALBURG
Zoppoten
Ebersdorf/Thüringen
Schönbrunn
Saale-Stausee
Künsdorf
Langgrün
Lobenstein-Muckenberg 549
GALLENBERG
Saaldorf
Bad Lobenstein
BAD LOBENSTEIN
Obere Saale
Burg Lobenstein
Neundorf
Grumbach
Rodacherbrunn
Lichtenbrunn
Harra
Kießling
Schlegel
Blankenstein
Blankenberg
Pottiga
Birkenhügel
Pirk
Frössen
Göritz
Hirschberg
Sparnbg.
Rudolphstein
Frankenwald
Rennsteig
Heinrichshöhe
Titschendorf
LICHTENBERG
Issigau
Kemlas
Eisenbühl
Berg
Bad Steben
Thierbach
Langenbach
Carlsgrün
Hermesgrün
Heinersberg
Nordhalben
Talsperre Mauthaus
Geroldsgrün
Steinbach
Gerlas
Marxgrün
NAILA-FROSCHGRÜN
NAILA
Neuhaus
Selbitz
Rothleiten
Schlegel
Griesbach
Langenau
Stoffelsmühle
Ölsnitz
Ködelberg
Wetthof
Birnbaum
Effelter
Wickendorf
TEUSCHNITZ
Tschirn
Rappoltengrün
Reichenbach
Brennersgrün
Wetzstein 792
Steinbach a.Wald
Hasslach
Lauenhain
LUDWIGSSTADT
Lauenstein
Lichtentanne
Probstzella
LEHESTEN
Schmiedebach
Röttersdorf
Oßla
WURZBACH
Dürrenbach
Heberndorf
Klettigshammer
Weitisberga
Rauschengesees
Gahma
Gleima
Burglemnitz
Gr.Mittelberg 588
Landsendf.
Roda
Großgeschwenda
Kleinneundorf
Altengesees
Thimmendorf
Lückenmühle
Katzenberg 608
Ruppersdorf
Thierbach
Eliasbrunn
Oberlemnitz
Heinersdorf
Unterlemnitz
Friesau
Helmsgrün
LEUTENBERG
Hirzbach
Schweinbach
Unterloquitz
Munschwitz
Steinsdorf
Dorfilm
Lothra
Herschdorf b.Leutenberg
Weisbach
Liebschütz
Neuenbeuthen
Lieben-grün
Löhma
Weischwitz
Laasen
Vordere Heide
Lausnitz
Ober-Birkigt
Gräfendorf
Reichenbach
Langenschade
Naundorf
Kolkwitz
Friedebach
Herschdorf
Trannroda
Bodelwitz
Gertewitz
Grobengereuth
Daumitsch
Dreba
Quaschwitz
Knau
Linda b. Neustadt a.d.Orla
Moßbach
Köthnitz
Steinbrücken
Oberoppurg
Solkwitz
Nimritz
Döbritz
Weira
Neunhofen
Kospoda
Lausnitz
Kolba
Schmieritz
Lemnitz
Rehmen
Hütten
Pörmitz
Oettersdf.
Görkwitz
Engerda
Kleinbucha
Dienstädt
Rödelwitz
Dorndorf
Heilingen
Kuhfraß
Beutelsdorf
Mötzelbach
Etzelbach
Weißen
Neusitz
NASCHHAUSEN
Freienorla
Niederkrossen
Hummelshain
Langendembach
Lindig
Trockenborn-Wolfersdorf
Stanau
Pillingsdorf
Breitenhain
Rosendorf
Zwackau
Lichtenau
BÖRTHEN
MOLBITZ
Dreitzsch
Miesitz

Thüringens wohl höchster Bahnhof am Rennsteig.

Der Buchstabe R prägt den Thüringer Wald. Denn das übergroße Schriftzeichen markiert den Verlauf des Rennsteigs, einem historischen Handelswege, der sich seit dem 14. Jahrhundert von Hörschel bei Eisenach bis nach Blankenstein im Frankenwald über den bis zu 800 Meter hohen Mittelgebirgskamm zieht. Die imaginäre Start- und Ziellinie meiner Tour befindet sich in Neuhaus, der kurioserweise als einziger Ort den Zusatz „am Rennweg" trägt. Sattgrüne Wälder, schiefergedeckte Häuser und unerwartete Höhenunterschiede bilden erste Eindrücke, als ich auf dem Weg nach Ilmenau die Maschine von einer Schräglage in die andere wuchte.

Bitte dem R folgen: die gut ausgeschilderte Rennsteigroute.

Grüße von Goethe

Auch der im 18. Jahrhundert lebende Goethe prägte die Region: Als persönlicher Referent eines Herzogs hatte das Multitalent das Städtchen aufzusuchen, um Fälle von Brandstiftung, Raub und Misswirtschaft aufzuklären. Überliefert ist folgendes Zitat: „Ilmenau hat mir viel Zeit, Mühe und Geld gekostet, dafür habe ich aber auch etwas gelernt und mir eine Anschauung der Natur erworben, die ich um keinen Preis umtauschen möchte". Das besondere Flair des Ilmenauer Marktplatzes wird vom barocken Amtshaus geprägt, in dessen ersten Stock Goethe einst eine Dienstwohnung innehatte. Heute sitzt er als stumme Bronzefigur auf einer Bank vor dem Gebäude. Durch die großartige Kulisse des stark bewaldeten Mittelgebirges inspiriert, schrieb er Wandrers Nachtlied „Über allen Gipfeln ist Ruh ..." mit Bleistift an die Wand einer Schutzhütte am 861 Meter hohen Kickelhahn.

Mit dem dumpfen Grollen meiner GS zieht mich die gar nicht langweilige B 88 hinaus an den nordöstlichen Rand des Höhenzuges, bis Georgenthal versprühen guter Teer, runde Kurven und tolle Ausblicke Fahrfreude pur. Schon bietet sich die nächste Gelegenheit, dem R zu begegnen: Auf meinem Riesenslalom zieht die „Neue Ausspanne" am

Goethe schien an einem Autorengespräch kein Interesse zu haben (oben). Historischer Ortskern von Schmalkalden (unten).

Vom Gipfel des Großen Inselsberges lassen sich weite Teile Thüringens überblicken (oben). Der Rennsteig verläuft über den Kamm des Thüringer Waldes (rechts).

Rennsteig vorbei, dann bildet Floh-Seligenthal meine Wendemarke, bevor ich in Klein-Schmalkalden urplötzlich in die Eisen steige, denn am Straßenrand steht die größte Kuhglocke der Welt. Die durch den riesigen Klangkörper hervorgerufenen Schwingungen scheinen sich auch auf den hiesigen Asphalt übertragen zu haben: Biegungen aller Güteklassen lassen mich hinunter nach Friedrichsroda tanzen.

Danach nehme ich von Tabarz aus die spannende Bergstrecke zum Großen Inselsberg in Angriff. Ich poltere über Kopfsteinpflaster und wedel durch mehrere Kurven hinauf, bis ich in 916 Höhenmetern Wetterstation und Sendeturm erreiche.

Anders als ich heute, hatte der alte Goethe Glück und war bei Sonnenschein von der fantastischen Aussicht

begeistert, als er 1784 zusammen mit dem großherzoglichen Bergrat Voigt hier oben stand. Mehr als „Die Gegend ist herrlich, herrlich“, fiel dem sonst wortgewandten Poeten nicht ein. Vielleicht war er nur außer Atem?

Über den Gipfeln

Die sich anschließende Nebenstrecke über Brotterode schlängelt sich elegant um weitere Gipfel, bevor sie sich ins Emsetal senkt und in die B 88 mündet. Kaum habe ich bei Ruhla zurück auf die Route durch den Naturpark zurückgefunden, mutiert diese zum Trimm-Dich-Pfad ersten Grades und lässt Hände und Füße nicht zur Ruhe kommen. Leicht schwindelig gefahren, steht eine erholsame Kaffeepause im liebenswerten Bad Liebenstein an.

Der am Südwesthang des Thüringer Waldes gelegene, etwas angestaubte Kurort kann dank seiner gesundheitsfördernden Quellen auf eine lange Tradition zurückblicken. Die feinen Herrschaften tranken tagsüber Heilwasser und schlürften abends Champagner.

Ein weiteres Relikt aus der guten alten Zeit erregt wenig später meine Aufmerksamkeit: Unten im Trusetal angekommen, bestaune ich den imposanten Wasserfall, dessen feuchtes Nass 50 Meter in die Tiefe fällt.

Das Spektakel wurde 1865 von geschäftstüchtigen Leuten künstlich angelegt, um Reisende anzulocken. Und das klappt bis heute. Zu einer gelungenen Tour durch den Thüringer Wald gehört selbstverständlich auch ein Besuch der steilen Oberhofer Sprungschanzen, obwohl im Sommer der Skizirkus mangels Schnee Pause macht. Dagegen hat der Rennsteiggarten Hochsaison: Hier wachsen und gedeihen rund 4 000 Pflanzenarten aus internationalen Gebirgsregionen.

Ich wachse mit dem Rennsteig zusammen, von nun an weiche ich der alten Handelsroute nicht mehr von der Seite. Alles, was des Motorradfahrers Herz erfreut, scheint sich hier zu ver-

Der Trusetaler Wasserfall wurde 1865 von cleveren Geschäftsleuten künstlich angelegt, um Reisende anzulocken.

Lichtstimmung und Panorama rechtfertigten einen beherzten Bremseneinsatz auf der Neustädter Höhe.

einen: griffiger Teer, wenig Verkehr, anmachende Biegungen und tolle Panoramen. Touristisches Doping betrieben schlaue Köpfe, als sie 2008 auf dem „nur" 978 Meter hohen Schneekopf einen Aussichtsturm errichteten und damit den Berg quasi zum „Eintausender" erhoben.

Der 983 Meter hohe Große Beerberg, Thüringens echter höchster Gipfel, liegt hinter mir, als ich am Rennsteigbahnhof pausiere. Der Bau wurde vor rund 100 Jahren notwendig, um die starken Höhenunterschiede auf der Nord-Süd-Strecke auszugleichen und die Dampflokomotiven mit Kohle und Wasser zu versorgen.

Die Sonne steht schon tief über dem Horizont, als ihr besonderes Licht einen spontanen Halt auf der Neustädter Höhe fordert und sich vor mir unzählige bewaldete Kuppen ausbreiten. Der Blick auf die Cockpituhr mahnt zum Aufbruch, denn der Rennsteig soll mich noch um die nahe Werraquelle und den 869 Meter hohen Großen Farmdenkopf führen.

Eiskalt erwischt

Lausige sieben Grad zeigt das Cockpitthermometer an, als ich am nächsten Morgen den Bayern-Boxer starte. Das Frühstück hatte ich bewusst in die Länge gezogen, in der Hoffnung, dass sich der dichte Nebel, der auf dem

Beim Blick auf das Cockpitthermometer muss man sich warme Gedanken machen.

Kamm des Thüringer Waldes lastet, endlich auflöst. Nach nur wenigen Kilometern Fahrt sind Mensch und Maschine von einem hauchdünnen Wasserfilm überzogen.

In Probstzella biege ich auf die B 85 ab, die Thüringen und Bayern seit Öffnung des Eisernen Vorhangs verbindet. Kaum im weiß-blauen Freistaat angekommen, verlasse ich die Hauptstraße an der steilen Auffahrt zur Burg Lauenstein, um auf einsamen und verschlungenen Pfaden hinauf zur Thüringer Warte zu preschen.

Im Jahre 1963, von der Wiedervereinigung konnte man damals hüben wie drüben nur träumen, wurde auf dem bayerischen Ratzenberg ein Aussichtsturm erbaut, von dem aus weite Blicke ins Thüringer Schiefergebirge möglich wurden.

Weil es hier und heute nichts zu sehen gibt, lande ich schnell wieder auf der B 85, besser bekannt als Bier- und Burgenstraße. Kurs Süd liegt an, bis zum Abzweig in Förtschendorf. Von einer früheren Reise kenne ich die knackige Bergetappe über das bajuwarische Tschirn ins thüringische Blankenstein.

Turbine und Talsperren

Die Sonne, bisher nur als silberne Scheibe am grauen Himmel zu erkennen, setzt sich durch, und mit Erreichen der Saale reißen die Wolken auf. Auf ihrem über 400 Kilometer langen Weg aus dem oberfränkischen Fichtelgebirge bis zur Elbe bei Barby in Sachsen-Anhalt wird der Wasserlauf zwischen Blankenstein und Saalfeld zur sogenannten Saalekaskade aufgestaut.

Boote auf Deutschlands größter Talsperre: dem Bleilochstausee.

Für Strom sorgte die Turbine an der Bleichloch-Talsperre (oben). Tolle Panoramen bietet der hölzerne Saaleturm in Burgk.

Gleich fünf Talsperren speichern auf nur 80 Kilometer Länge riesige Wassermengen zur Energiegewinnung.

Die Energie der Sonne wird als angenehme Wärme spürbar, als ich das südliche Ende des Saale-Stausees umrunde und auf der Reußischen Fürstenstraße zum Residenzschloss in Ebersdorf gelange, einst Wohnsitz der Reichsfürsten von Reuß, lange Zeit Herrscher über das Thüringer Vogtland.

Bei Saalburg wechsel ich auf einer aussichtsreichen Brücke aufs östliche Ufer der riesigen Talsperre Bleiloch, um gleich danach der Abzweigung nach Remptendorf zu folgen. Eine äußerst schmale Straße, die Durchfahrtsbreite ist auf 2,10 Meter begrenzt, führt mich erst bis an die Staumauer und dann, mit der nötigen Rücksicht auf Wanderer, auch darüber.

Die Anwesenheit des dritten Wasserreservoirs, der Talsperre Burgkhammer, kann ich nur erahnen, zu

Ein Ufo? Ein Roboter? Ein Zementmischer? Nein, sondern ein bodenblasender Sauerstoff-Konverter der Maxhütte.

dicht ist der dunkle Wald. Was sich aber schlagartig ändert, als ich am hölzernen Saaleturm den Seitenständer heraus klappe.

Freude statt Frust

2011 wurde der schlanke, 36 Meter hohe Aussichtspunkt errichtet, der mir nach fast zweihundert Stufen einen tollen Blick auf die Talsperre und das Schloss Burgk ermöglicht. Als echter Spaßkiller entpuppt sich kurze Zeit später eine Baustellenumleitung, die mein Vorhaben, alle fünf Wasserspeicher anzufahren, wie eine Seifenblase platzen lässt. Asphaltierungsarbeiten zwingen mich in den Norden der Saale. Dass ich dabei zufällig die Burg Ranis entdecke, verwandelt meinen Frust in Freude, denn die hoch über dem Ort thronende Festung leuchtet in der Sonne. Welch Ausmaße die Saalekaskade hat, wird mir bei der Rückkehr an den Hohenwartestausee deutlich, denn zwischen Linkenmühle und Drognitz pendelt Deutschlands einzige auf einem Wasserspeicher verkehrende Autofähre.

Nach wenigen Minuten am südlichen Ufer des „Thüringer Meeres“ angekommen, ist das kurvenreiche Asphaltband dem mäandernden Saalelauf mal mehr, mal weniger dicht auf den Fersen, bis ich über die sanft geschwungene Sperrmauer des Hohenwartestausees nach Kaulsdorf brumme.

Die wachsende Industrialisierung in den 1930er Jahren verstärkte den Ruf nach elektrischer Energie und war der Grund für den Bau der Saalekaskade. Eine andere Form der Energiegewinnung wählten findige Ingenieure

Die Burg Ranis thront seit dem 11. Jahrhundert auf einem Felsen über dem gleichnamigen Ort.

im nahen Unterwellenborn: Im Stahlwerk Maxhütte wurden bei der Eisenherstellung anfallende Gase zur Pressluft- und Stromerzeugung genutzt. Als nach 120 Jahren das letzte, glühend heiße Hochofenfeuer erlosch, blieb die riesige, von Weitem sichtbare Gasmaschinenzentrale vom Abriss verschont und wurde zum Industriedenkmal.

Mit der Saale erreiche ich das nahe Bad Blankenburg, hier mündet die Schwarza, nach dem sie eine über 50 Kilometer lange Schlucht verlassen hat. Das windungsreiche Schwarzatal begrenzt das Thüringer Schiefergebirge nach Norden und macht seinem Namen alle Ehre: Dunkel, eng und kalt.

Den spektakulären Ausstieg finde ich in Unterweißbach, als ich einen Gang herunterschalten und ordentlich am Griff ziehen muss, um die enorme Steigung hinauf nach Oberweißbach zu bewältigen. Zum guten Schluss flackert die tiefstehende Sonne durch das Unterholz und zündet lautlose Lichtblitze auf dem dunklen Teer. Nicht nur Goethe war vom Thüringer Wald begeistert, auch mich hat er mitten ins Herz getroffen. ◀

Dutzende ausgelatschte Wanderstiefel wurden hier zu Recht an den Nagel gehängt.

INFOS ZUR TOUR

CHARAKTERISTIK

Im grünen Herzen Deutschlands dehnt sich der 150 Kilometer lange Mittelgebirgszug des Thüringer Waldes aus. Von unzähligen Tälern und dunklen Stauseen durchzogen, erreicht das waldreiche Terrain Höhen von bis zu 900 Metern. Der Rennsteig ist ein uralter, 168 Kilometer langer Grenz- und Handelsweg, der über weite Teile auf dem Gebirgskamm verläuft, heute aber nur noch von Wanderern bereist wird. Im Süden schließt sich das bis zu 800 Meter aufragende Thüringer Schiefergebirge an. Seine Ausdehnung beträgt etwa 75 km in Ost-West-Richtung und 50 km in Nord-Süd-Richtung. Der hier gewonnene Baustoff Schiefer, das „graue Gold", schützt Fassaden und Dächer vor den Elementen. Die Regionen verfügen über ein dichtes Straßennetz, das zum Motorradwandern einlädt, wobei enorme Höhenunterschiede und sehr steile Ortsdurchfahrten gemeistert werden müssen. Die Belagqualitäten und Fahrbahnbreiten sind sehr unterschiedlich. Das Motorrad sollte sicher beherrscht werden.

ÜBERNACHTUNG

Rennsteighotel Herrnberger Hof

Das auf dem Kamm des Thüringer Waldes in über 800 Meter Höhe gelegene Hotel punktet mit großzügigen Zimmern, reichhaltigem Frühstücksbüfett und einem gepflegten Restaurant mit regionalen Speisen. Ausgearbeitete Tourenvorschläge. W-LAN und Unterstellplatz kostenlos.
www.rennsteighotel.de
GPS 50.50603 11.12964

ATTRAKTIONEN

Weiterführende Informationen zu den im Text genannten Sehenswürdigkeiten / Museen im Internet:

Rennsteig
www.rennsteig.de

Goethe- und Universitätsstadt Ilmenau
www.ilmenau.de

Rennsteiggarten Oberhof
www.rennsteiggartenoberhof.de

Zeitreise

Frei nach dem römischen Dichter Horaz „Carpe diem – genieße den Tag" mit dem Motorrad in Hessens facettenreicher Mitte unterwegs: In den bewaldeten Höhenzügen des Taunus auf den Spuren der einstigen Legionäre und in der Vulkanregion Vogelsberg, die für Kurvenkratzer noch immer ein heißes Pflaster ist. Mit von der Partie sind Kirchen und Kastelle, Brücken und Burgen.

Die kurvenreiche Auffahrt zum Hoherodskopf wird mit einer fantastischen Fernsicht belohnt.

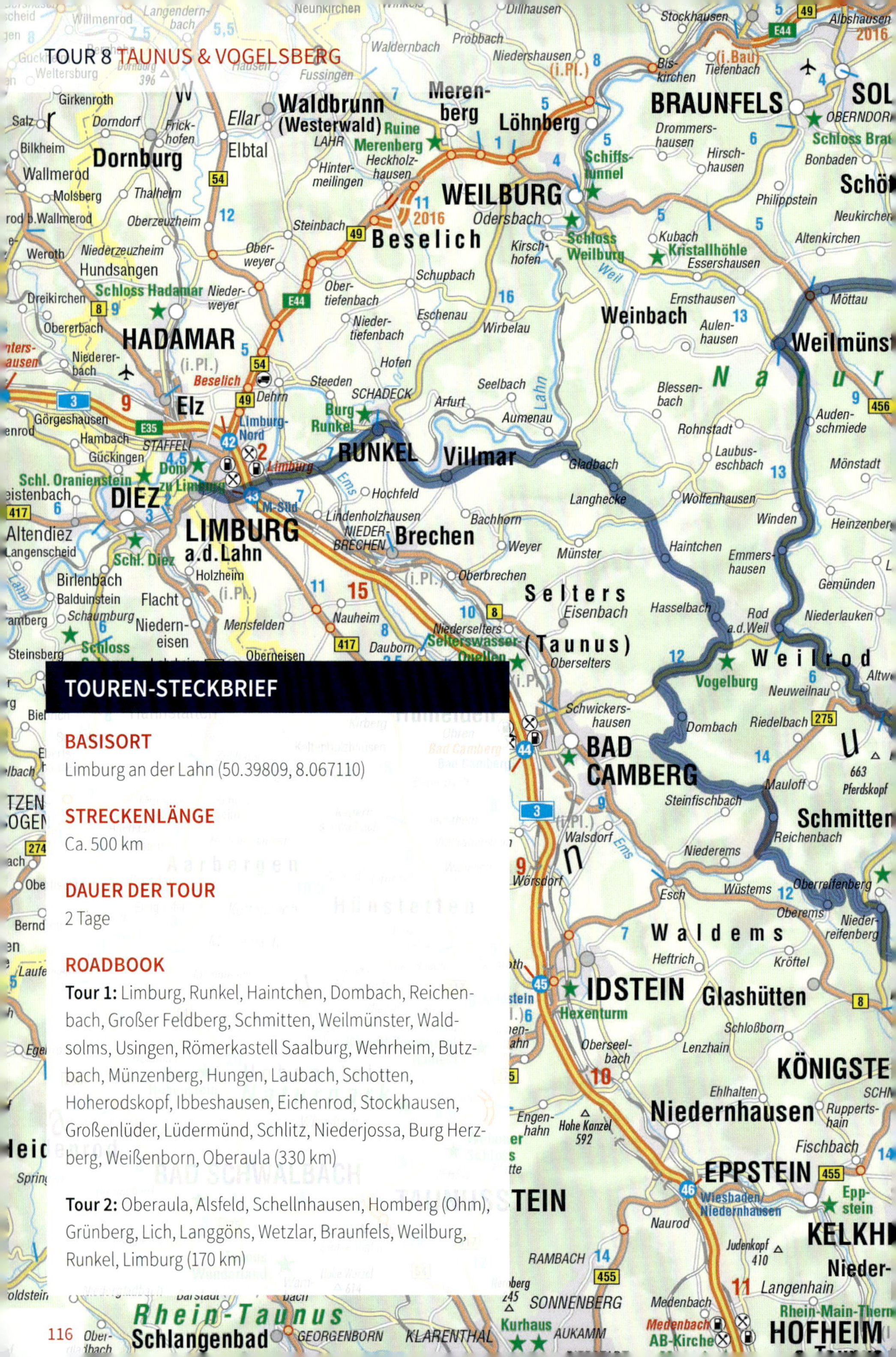

TOUREN-STECKBRIEF

BASISORT

Limburg an der Lahn (50.39809, 8.067110)

STRECKENLÄNGE

Ca. 500 km

DAUER DER TOUR

2 Tage

ROADBOOK

Tour 1: Limburg, Runkel, Haintchen, Dombach, Reichenbach, Großer Feldberg, Schmitten, Weilmünster, Waldsolms, Usingen, Römerkastell Saalburg, Wehrheim, Butzbach, Münzenberg, Hungen, Laubach, Schotten, Hoherodskopf, Ibbeshausen, Eichenrod, Stockhausen, Großenlüder, Lüdermünd, Schlitz, Niederjossa, Burg Herzberg, Weißenborn, Oberaula (330 km)

Tour 2: Oberaula, Alsfeld, Schellnhausen, Homberg (Ohm), Grünberg, Lich, Langgöns, Wetzlar, Braunfels, Weilburg, Runkel, Limburg (170 km)

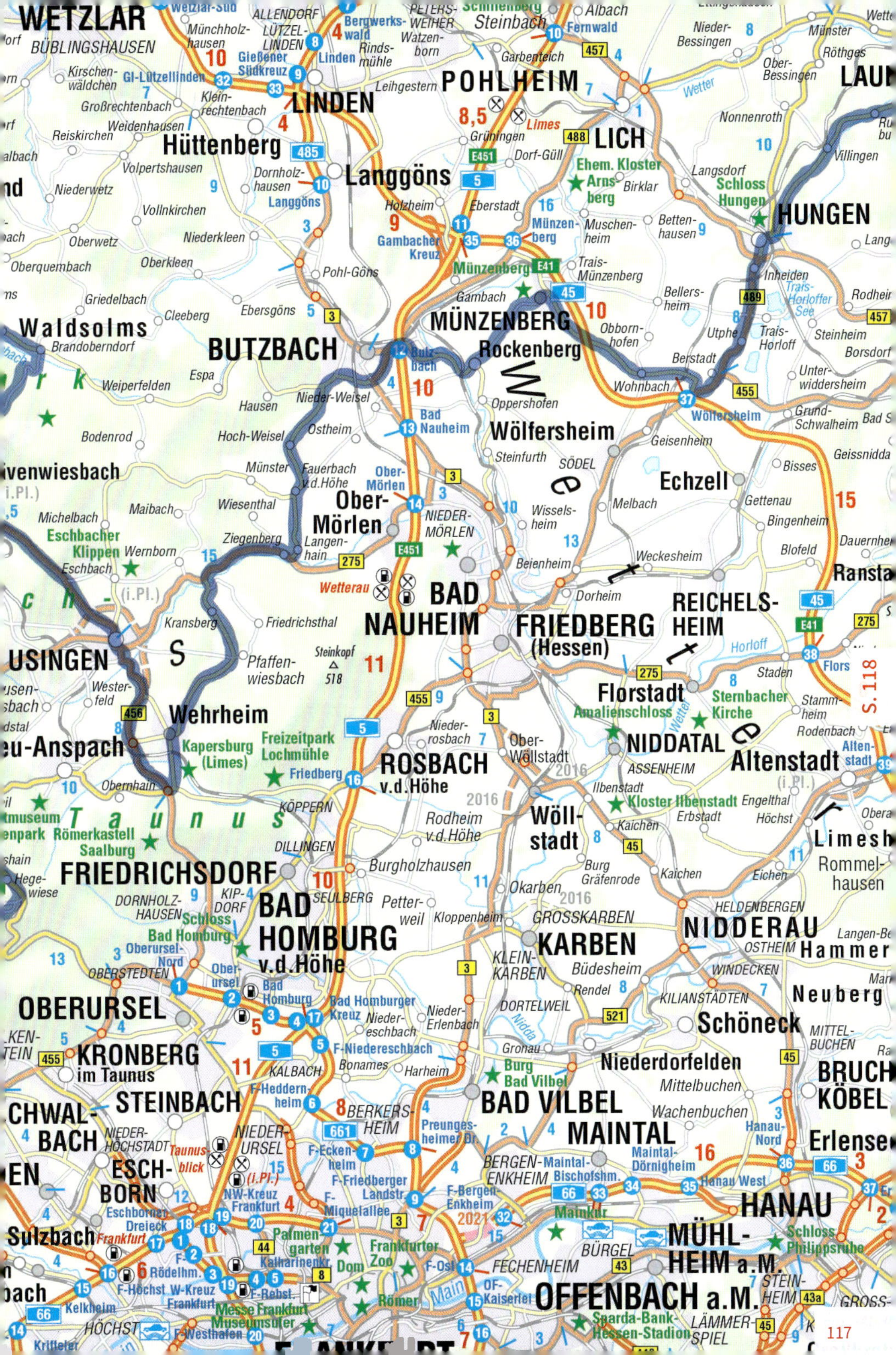

WETZLAR
BÜBLINGSHAUSEN
Münchholzhausen
ALLENDORF
LÜTZELLINDEN
Gießener Südkreuz
Linden
Bergwerkswald
Rindsmühle
PETERSWEIHER
Watzenborn
Steinbach
Fernwald
Albach
Garbenteich
Nieder-Bessingen
Ober-Bessingen
Münster
Röthges
Kirschenwäldchen
Gl-Lützellinden
Kleinrechtenbach
LINDEN
Leihgestern
POHLHEIM
Wetter
Großrechtenbach
Weidenhausen
Reiskirchen
Hüttenberg
Grüningen
Limes
LICH
Nonnenroth
Volpertshausen
Dornholzhausen
Langgöns
Dorf-Güll
Ehem. Kloster Arnsberg
Birklar
Langsdorf
Schloss Hungen
Villingen
Niederwetz
Vollnkirchen
Holzheim
Eberstadt
Münzenberg
Muschenheim
Bettenhausen
HUNGEN
Oberwetz
Niederkleen
Gambacher Kreuz
Trais-Münzenberg
Oberquembach
Oberkleen
Pohl-Göns
Inheiden
Trais-Horloffer See
Griedelbach
Cleeberg
Ebersgöns
Gambach
Bellersheim
Rodheim
Waldsolms
Brandoberndorf
BUTZBACH
MÜNZENBERG
Rockenberg
Obbornhofen
Utphe
Trais-Horlof
Steinheim
Borsdorf
Butzbach
Berstadt
Unter-Widdersheim
Weiperfelden
Espa
Hausen
Nieder-Weisel
Oppershofen
Wohnbach
Wölfersheim
Grund-Schwalheim
Bodenrod
Hoch-Weisel
Ostheim
Bad Nauheim
Wölfersheim
Geisenheim
Geissnidda
Steinfurth
SÖDEL
Bisses
Münster
Fauerbach v.d.Höhe
Ober-Mörlen
Echzell
Maibach
Wiesenthal
Ober-Mörlen
NIEDER-MÖRLEN
Wisselsheim
Melbach
Gettenau
Bingenheim
Michelbach
Eschbacher Klippen
Wernborn
Eschbach
Ziegenberg
Langenhain
Beienheim
Weckesheim
Blofeld
Dauernheim
Ranstadt
Wetterau
BAD NAUHEIM
Dorheim
REICHELSHEIM
Kransberg
Friedrichsthal
FRIEDBERG (Hessen)
Horloff
USINGEN
Pfaffenwiesbach
Steinkopf 518
Florstadt
Staden
Flors
Westerfeld
Wehrheim
Amalienschloss
Sternbacher Kirche
Stammheim
Rodenbach
Nieder-rosbach
Ober-Wöllstadt
NIDDATAL
Altenstadt
Neu-Anspach
Kapersburg (Limes)
Freizeitpark Lochmühle
Friedberg
ROSBACH v.d.Höhe
ASSENHEIM
Ilbenstadt
Kloster Ilbenstadt
Engelthal
Höchst
Obernhain
KÖPPERN
Wöllstadt
Erbstadt
Taunus
Römerkastell Saalburg
DILLINGEN
Rodheim v.d.Höhe
Kaichen
Limes
FRIEDRICHSDORF
Burgholzhausen
Burg Gräfenrode
Eichen
Rommelhausen
Hegewiese
DORNHOLZHAUSEN
KIRDORF
SEULBERG
BAD HOMBURG v.d.Höhe
Petterweil
Okarben
HELDENBERGEN
Schloss Bad Homburg
Kloppenheim
GROSSKARBEN
NIDDERAU
KARBEN
OSTHEIM
Hammer
Oberursel-Nord
KLEIN-KARBEN
Büdesheim
WINDECKEN
OBERSTEDTEN
Oberursel
Bad Homburg
Rendel
KILIANSTÄDTEN
Neuberg
OBERURSEL
Bad Homburger Kreuz
Nieder-eschbach
Nieder-Erlenbach
DORTELWEIL
Schöneck
MITTEL-BUCHEN
KRONBERG im Taunus
F-Niedereschbach
Nidda
Gronau
Bonames
KALBACH
Harheim
Burg Bad Vilbel
Niederdorfelden
BRUCHKÖBEL
Mittelbuchen
STEINBACH
F-Heddernheim
BERKERSHEIM
BAD VILBEL
Wachenbuchen
SCHWALBACH
NIEDER-HÖCHSTADT
Taunusblick
NIEDER-URSEL
Preungesheimer Dr.
MAINTAL
Hanau-Nord
Erlensee
ESCHBORN
F-Eckenheim
F-Friedberger Landstr.
BERGEN-ENKHEIM
Maintal-Bischofsh.
Maintal-Dörnigheim
Hanau West
HANAU
NW-Kreuz Frankfurt
F-Miquelallee
F-Bergen-Enkheim
Eschborner Dreieck
Mainkur
Sulzbach
Frankfurt
Palmengarten
Frankfurter Zoo
BÜRGEL
MÜHLHEIM a.M.
Schloss Philippsruhe
Rödelheim
Katharinenkr.
Dom
F-Ost
FECHENHEIM
F-Höchst
W-Kreuz Frankfurt
F-Rebst.
Römer
Main
OF-Kaiserlei
OFFENBACH a.M.
STEINHEIM
Kelkheim
Messe Frankfurt
Museumsufer
Sparda-Bank-Hessen-Stadion
LÄMMERSPIEL
HÖCHST
F-Westhafen
Kriftel
FRANKFURT

S. 118

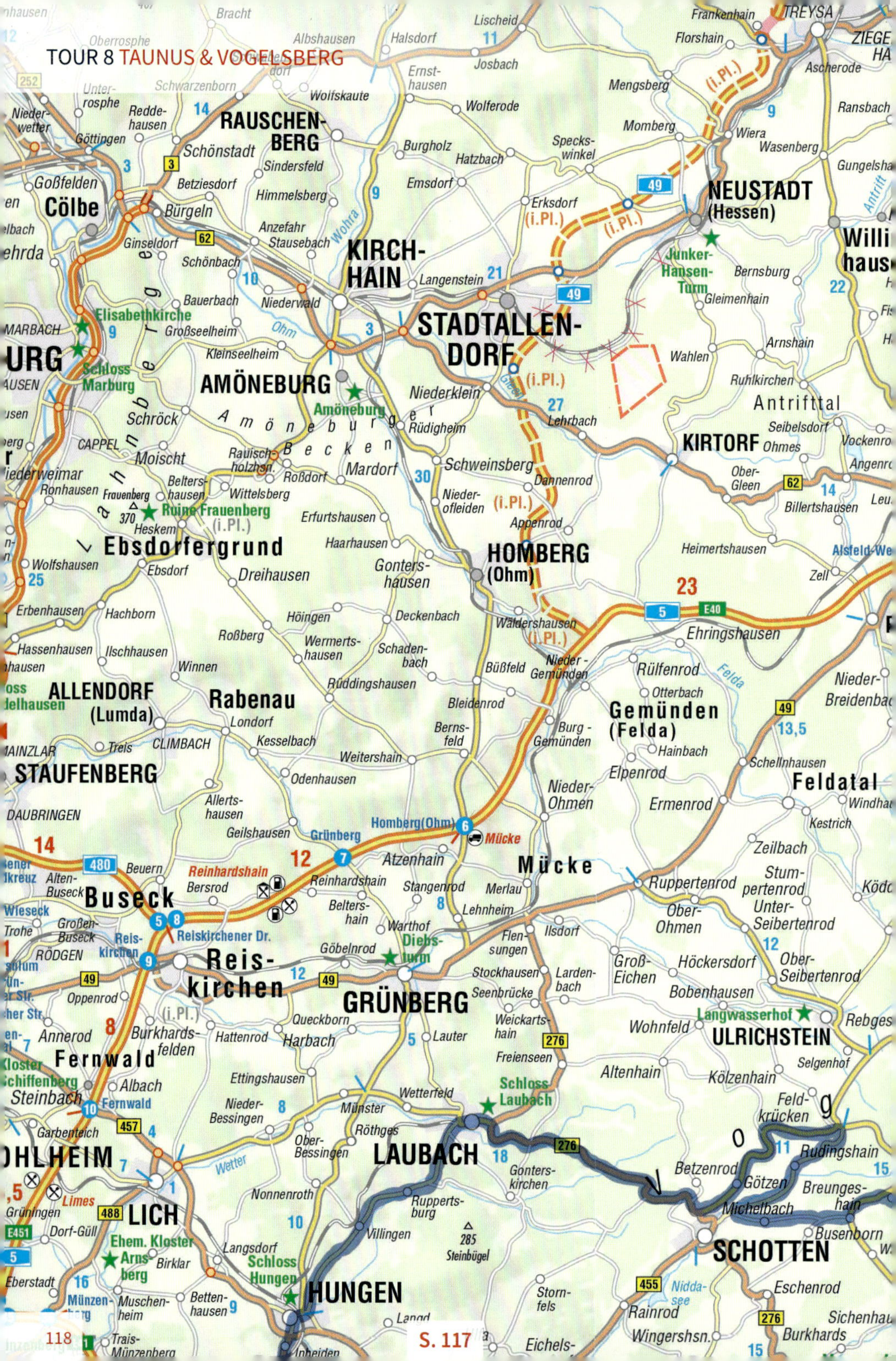
RAUSCHENBERG
Cölbe
KIRCHHAIN
STADTALLENDORF
NEUSTADT (Hessen)
AMÖNEBURG
Amöneburger Becken
Elisabethkirche
Schloss Marburg
Junker-Hansen-Turm
KIRTORF
Antrifttal
HOMBERG (Ohm)
Ebsdorfergrund
Ruine Frauenberg
ALLENDORF (Lumda)
Rabenau
STAUFENBERG
Gemünden (Felda)
Feldatal
Mücke
Buseck
Reiskirchen
GRÜNBERG
Diebsturm
ULRICHSTEIN
Langwasserhof
Fernwald
LAUBACH
Schloss Laubach
Vogelsberg
SCHOTTEN
LICH
Ehem. Kloster Arnsberg
HUNGEN
Schloss Hungen

S. 117

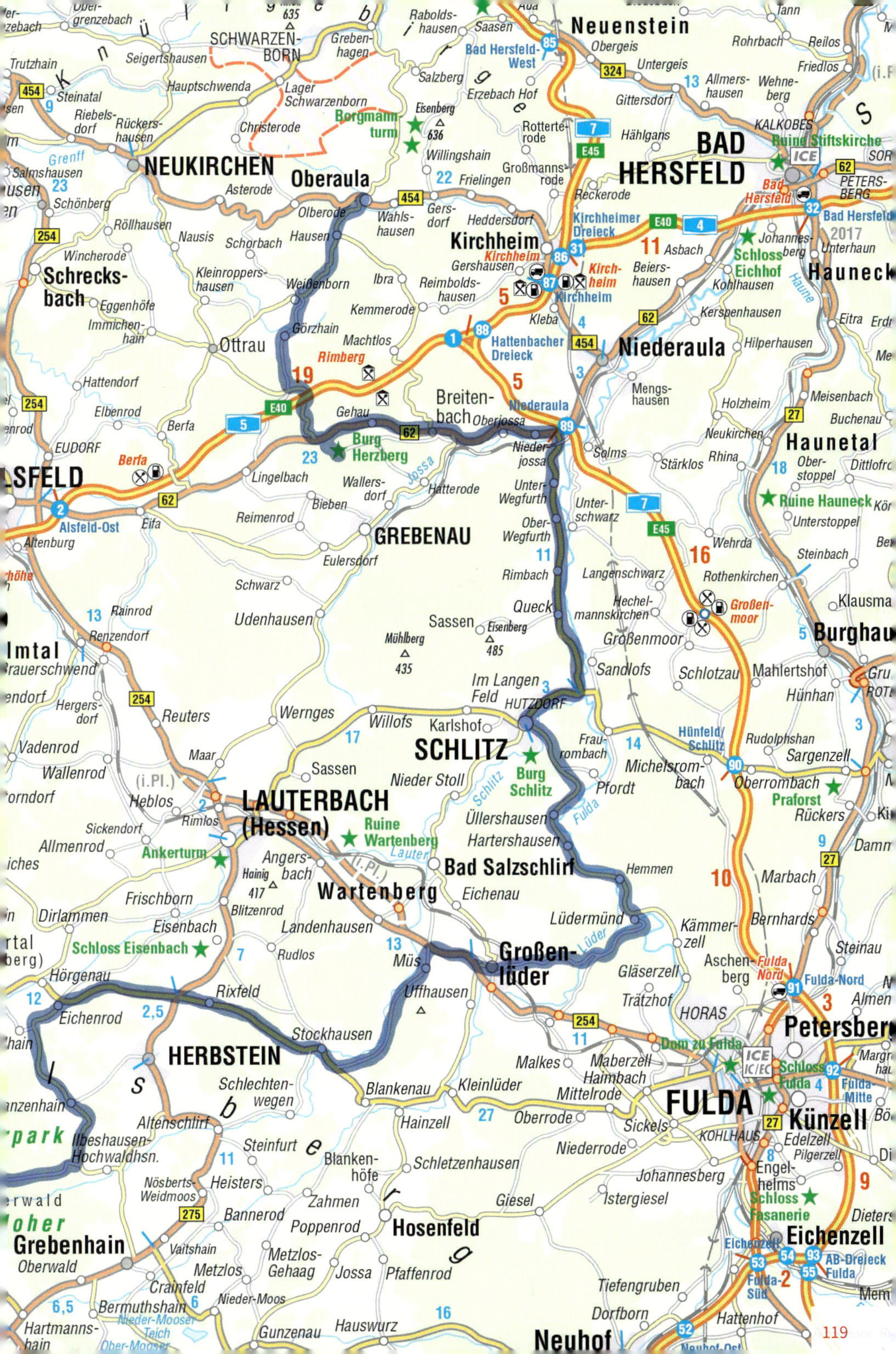

Neuenstein
Obergeis
Untergeis
Bad Hersfeld-West
SCHWARZENBORN
Seigertshausen
Hauptschwenda
Lager Schwarzenborn
Christerode
Borgmannturm
Eisenberg 636
Willingshain
Frielingen
Salzberg
Erzebach Hof
Rotterterode
Großmannsrode
Gittersdorf
Hählgans
Rohrbach
Reilos
Allmershausen
Wehneberg
Friedlos
KALKOBES
Ruine Stiftskirche
BAD HERSFELD
PETERSBERG
Bad Hersfeld
Trutzhain
Steinatal
Riebelsdorf
Rückershausen
Grenff
Salmshausen
NEUKIRCHEN
Oberaula
Asterode
Olberode
Wahlshausen
Gersdorf
Heddersdorf
Kirchheim
Kirchheimer Dreieck
Reckerode
Asbach
Johannesberg
Schloss Eichhof
Unterhaun
Hauneck
Schönberg
Röllhausen
Nausis
Schorbach
Hausen
Gershausen
Beiershausen
Kohlhausen
Wincherode
Schrecksbach
Kleinroppershausen
Weißenborn
Ibra
Reimboldshausen
Kerspenhausen
Eggenhöfe
Immichenhain
Kemmerode
Kleba
Eitra
Görzhain
Machtlos
Hattenbacher Dreieck
Niederaula
Hilperhausen
Ottrau
Rimberg
Hattendorf
Elbenrod
Berfa
Gehau
Breitenbach
Oberjossa
Niederaula
Mengshausen
Holzheim
Meisenbach
Buchenau
EUDORF
Burg Herzberg
Niederjossa
Solms
Neukirchen
Stärklos
Rhina
Haunetal
Oberstoppel
Dittlofrod
ALSFELD
Lingelbach
Wallersdorf
Jossa
Hatterode
Unterwegfurth
Unterschwarz
Ruine Hauneck
Unterstoppel
Alsfeld-Ost
Eifa
Reimenrod
Bieben
Oberwegfurth
Altenburg
GREBENAU
Eulersdorf
Wehrda
Rothenkirchen
Steinbach
Schwarz
Rimbach
Langenschwarz
Hechelmannskirchen
Großenmoor
Queck
Klausmarbach
Rainrod
Udenhausen
Sassen
Eisenberg 485
Mühlberg 435
Burghaun
Renzendorf
Großenmoor
Sandlofs
Schlotzau
Mahlertshof
Hünhan
Hergersdorf
Reuters
Wernges
Willofs
Im Langen Feld
HUTZDORF
Karlshof
SCHLITZ
Fraurombach
Michelsrombach
Hünfeld/Schlitz
Rudolphshan
Sargenzell
Vadenrod
Wallenrod
Maar
Sassen
Burg Schlitz
Oberrombach
Praforst
Rückers
Heblos
Rimlos
LAUTERBACH (Hessen)
Nieder Stoll
Pfordt
Sickendorf
Ruine Wartenberg
Üllershausen
Allmenrod
Ankerturm
Hartershausen
Angersbach
Bad Salzschlirf
Hemmen
Marbach
Hainig 417
Frischborn
Blitzenrod
Wartenberg
Eichenau
Dirlammen
Eisenbach
Landenhausen
Lüdermünd
Kämmerzell
Bernhards
Schloss Eisenbach
Rudlos
Müs
Großenlüder
Gläserzell
Aschenberg
Fulda Nord
Fulda-Nord
Steinau
Hörgenau
Rixfeld
Uffhausen
Trätzhof
HORAS
Petersberg
Eichenrod
Stockhausen
Malkes
Maberzell
Haimbach
Dom zu Fulda
Schloss Fulda
HERBSTEIN
Schlechtenwegen
Blankenau
Kleinlüder
Mittelrode
FULDA
Künzell
Fulda-Mitte
Altenschlirf
Hainzell
Oberrode
Sickels
KOHLHAUS
Edelzell
Pilgerzell
Ilbeshausen-Hochwaldhsn.
Steinfurt
Blankenhöfe
Schletzenhausen
Niederrode
Engelhelms
Nösberts-Weidmoos
Heisters
Johannesberg
Istergiesel
Schloss Fasanerie
Bannerod
Zahmen
Giesel
Poppenrod
Hosenfeld
Grebenhain
Oberwald
Vaitshain
Metzlos
Metzlos-Gehaag
Eichenzell
AB-Dreieck Fulda
Crainfeld
Jossa
Pfaffenrod
Tiefengruben
Fulda-Süd
Bermuthshain
Nieder-Moos
Nieder-Mooser Teich
Dorfborn
Hattenhof
Hartmannshain
Gunzenau
Hauswurz
Neuhof

Die Ruine der Burg Runkel, die betagte Bogenbrücke und die Lahn bilden ein romantisches Ensemble.

Menschen, Tiere und Waren sicher durch knietiefes Wasser zu bringen, war im Mittelalter keine leichte Aufgabe: Eine Furt in der Lahn und die Lage an dem bedeutenden Handelsweg zwischen Antwerpen und Byzanz ließen die Domstadt Limburg schon früh zu Reichtum und Macht gelangen.

Voller Tatendrang mache ich mich auf, den nächsten Flussübergang anzusteuern. Mit der Burg Runkel, die einst eine wichtige Lahnbrücke schützte, erreiche ich mit trockenen Reifen den Naturpark Taunus, ein Mittelgebirge, das nach Abzug der Römer 1500 Jahre ohne Namen war und nur als „die Höhe" bezeichnet wurde. Das riesige Römische Reich sicherte seine über den Taunuskamm verlaufende Außengrenze mit der Stationierung von Truppen und dem Bau des Limes, ein von der Donau bis an den Rhein reichendes, 550 Kilometer langes Verteidigungsbollwerk. Erst im 18. Jahrhundert verlieh der Landgraf von Hessen-Homburg dem üppig bewaldeten Höhenzug den Namen Taunus. Der Begriff stammt wahrscheinlich vom römischen Geschichtsschreiber Tacitus, der in seinen Werken von einem „castellum in monte tauno" berichtet.

Parallel zur B8 schlängelt sich ein landschaftlich und fahrerisch reizvolles Teerband von Villmar über Haintchen und Dombach bis an die B275. Blinker rechts – einige Gangwechsel – Blinker links – schon bin ich auf der himmelwärts gerichteten Zufahrt zum Großen Feldberg unterwegs. Er stellt mit 879 Metern nicht nur den höchsten anfahrbaren Punkt des Taunus dar, er wirkt auch wie ein Motorradfahrermagnet. Die kostenlosen Parkplätze unterhalb des markanten und unter Denkmalschutz stehenden Fernmeldeturms sind oft prall gefüllt, der benachbarte Aussichtsturm mit seinem tollen Rundumblick gut besucht.

Wasserreiches Gebiet

Ganz in der Nähe befand sich einst ein römisches Kastell als Teil des Limes. Zur Wasserversorgung des hoch gelegenen Militärlagers wurde die Quelle der Weil genutzt. Ich folge ihr talwärts ins sattgrüne Weiltal, wo sie sich auf fast 50 Kilometer Länge zum wasserreichsten Taunusfluss mausert, bis sie in Weilburg in die Lahn mündet. Weil ich noch mehr über die Römer erfahren möchte, biege ich in Weilmünster nach Waldsolms ab und gelange mal links, mal rechts der Bundesstraße ins historische Zentrum der vor 1200 Jahren gegründeten Buchfinkenstadt Usingen. Noch älter ist das an der Straße nach Bad Homburg gelegene Römerkastell Saalburg, das durch seine fast vollständige Rekonstruktion als weltweit einzigartig gilt.

Nahezu zwei Jahrhunderte lang prägten die Römer, durch den mächtigen Grenzwall vor den wilden Barbaren Germaniens geschützt, das Leben im Taunus. Nach einem Rundgang durch die imponierende Garnison

Ein Gipfelkreuz und markante Antennenträger prägen das Gipfelplateau des Großen Feldbergs.

presche ich auf verkehrsarmen Nebenstrecken durch kleine Wälder und an Wiesen und Feldern entlang in Richtung Butzbach am östlichen Rand des Naturparks. Der Asphalt nimmt an Breite ab, die Dörfer werden seltener.

Durchs Nadelöhr

Nahe des Verkehrsknotenpunktes Gambacher Kreuz quetsche ich mich durchs Nadelöhr zwischen den Städten Gießen im Norden und Bad Nauheim im Süden. Vor meinen Rädern breitet sich die Wetterau aus, eine fruchtbare Landschaft zwischen Taunus und Vogelsberg, die ebenfalls bei den Römern sehr beliebt war. Umfangreiche Grabungen brachten auch hier die Überreste von Unterkünften, Straßen und Wehranlagen zutage.

Mit Laubach erreiche ich den Naturpark Hoher Vogelsberg. Hier schraubte von 1966 bis 1980 der geniale Motorradkonstrukteur Friedel Münch seine legendären Münch Mammuts zusammen, bis ihn der Mangel an Geld und Gesundheit zur Aufgabe zwang.

Auch wenn die Lavaströme längst erstarrt sind und der Vulkan Vogelsberg erloschen ist, bleibt Hessens Mitte ein heißes Pflaster, nicht nur für Kurvenkratzer. 1925 wurde der „Vogelsberger Automobil- und Motorradclub" ins Leben gerufen und erstmals die schwarz-weiß-karierte Starterflagge auf der 16 Kilometer langen Bergrennstrecke geschwenkt. Bis kurz vor Beginn des Zweiten Weltkrieges kämpften kühne Kradfahrer regelmäßig um Titel und Ehre. Der sogenannte Schottenring feierte in den 1950er Jahren seine Wiederauferstehung, als Renn-

Die Überreste des Römerkastells Saalburg wurden aufwendig restauriert.

Für Speis und Trank wird unter dem Fernmeldeturm auf dem Hoherodskopf gut gesorgt.

legenden wie Schorsch Meier für großes Publikum sorgten.

Das aufkeimende Wirtschaftswunder, die beginnende Automobilisierung und verheerende Rennunglücke schienen das endgültige Aus für den Ring zu besiegeln. Wären da nicht ein paar Enthusiasten gewesen, die 1989 den Schottenring Classic Grand-Prix starteten. Seitdem röhren an jedem dritten Augustwochenende Motoren auf dem allerdings nur 1,4 Kilometer langen Stadtkurs auf.

Voller Erwartung folge ich der Ausschilderung „Hoherodskopf" und werde nicht enttäuscht: Mit sauberem Strich zirkele ich durch einen ausgedehnten Forst himmelwärts und klappe nach rund zehn Kilometern Schräglagenwechsel den Seitenständer unterm Sendemast aus. Obwohl der böige Wind und die frischen Temperaturen dagegen sprechen, geht es auf dem mit 763 Metern Höhe zweithöchsten Gipfel des Vogelberges zu wie im Taubenschlag: Auf dem Bikerparkplatz herrscht ein ständiges Kommen und Gehen, ebenso auf der Terrasse des Imbisses „Zur schönen Aussicht", wo heiße Vulkan-Fritten aus der brodelnden Fritteuse in die knurrenden Mägen der motorradelnden Gäste wandern. Mit einem Pott Kaffee runde ich das Festessen ab und schwinge mich in den Sattel, um auf perfektem Teer am 773 Meter hohen Taufstein vorbei durch den Oberwald zu huschen. Weite Teile der Ringstraße Hoher Vogelsberg liegen hinter mir, als ich in Eichenrod auf die Hauptstraße in Richtung Fulda einschwenke.

Fachwerk & Festungen

Kaum habe ich den Naturpark verlassen, schlage ich wie ein flüchtender Hase einen Haken nach dem anderen:

Die malerische Burgenstadt Schlitz.

Von Stockhausen führt ein unscheinbarer Fahrweg nach Müs an der B 254, den ich aber in Bimbach schon wieder verlasse. Mich umgibt ein dichtes Netz großer und kleiner Wasserläufe, sie alle entspringen rund um den Vogelsberg, der in meinem Rückspiegel immer kleiner wird.

An der Fulda angekommen, folge ich dem mäandernden Fluss in die Burgenstadt Schlitz, die sich seit dem Mittelalter von fünf ringförmig angeordneten Festungen beschützen lässt. Das Zentrum punktet mit Fachwerk und Gassen, Erkern und Türmchen. Nicht umsonst trägt das romantische Schlitz den treffenden Titel „Hessisches Rothenburg".

Mit den trägen Wassern der Fulda streife ich durch weite Agrarflächen nach Niederjossa am nordöstlichen Rand des Vogelsbergkreises. Kaum auf die B 62 eingebogen, lockt auch schon die nächste Bastion: Hinter Breitenbach weist ein Schild zur Burg Herzberg, Hessens größter Höhenburg. Auf grottigem Teer rumpel ich durch den dunklen Wald hinauf bis vor die mächtigen Mauern der wehrhaften Festung. Hier standen schon viele Kriegsherren und mussten alle Angriffe und Belagerungen erfolglos aufgeben. Ich bleibe friedlich, schaue mich um und trete dann den Rückzug an.

Burg Herzberg ist Hessens größte Höhenburg.

Ein märchenhaftes Mädel

Nach einer erholsamen Nacht in Oberaula statte ich der fast 1000-jährigen Alsfelder Altstadt einen Besuch ab. An der Schnittstelle von Knüllgebirge und Vogelsberg gelegen, wartet der eindrucksvolle, weil von prächtigen Fassaden umrankte Marktplatz mit einem ganz besonderen, mittelalterlichen Trio auf: Der wuchtige Turm der Walpurgiskirche wird eindrucksvoll von dem auf Steinsäulen ruhenden Fachwerk-Rathaus und dem von einem Staffelgiebel gekrönten Weinhaus flankiert.

Die prächtigen Fassaden der fast 1000-jährigen Alsfelder Altstadt.

Alsfelds märchenhafte Seite erlebe ich wenig später, als ich am Schwälmer Brunnen zum Gänseliesel aufschaue, ein in typischer Tracht gekleidetes Mädel, das mit seiner roten Haube stark dem Rotkäppchen ähnelt. Ein kleines Stück die B49 hinunter, werfe ich noch einen Blick in den Innenhof von Schloss Romrod, das sich mit einem Wassergraben vor ungebetenen Gästen schützte, bevor ich wieder einmal Haken schlagend gen Homberg (Ohm) beschleunige.

Die letzten Kilometer begleite ich die Ohm, die, wie könnte es anders sein, von der Westflanke des Vogelsberg heran plätschert. Oberhalb einer ausgeprägten Flussschleife wartet der historische Ortskern auf seine Entdeckung. Wie das zuvor von mir besuchte Alsfeld kann auch das schmucke Homberg auf eine ähnlich lange und wechselvolle Geschichte zurückblicken.

Das im meisterlichen Fachwerkstil um 1500 erbaute Rathaus hatte nicht nur einen Gerichtssaal, sondern auch einen eigenen Weinkeller. Beim Freispruch ging es wohl dort hin, bei einer Verurteilung sicherlich ins Gefängnis.

Ich bin so frei, aufs Motorrad zu steigen, um Meilen zu machen. Grünberg und Lich habe ich bereits durchquert,

Das Gänseliesel auf dem Schwälmer Brunnen sieht mit seiner roten Haube dem berühmten Rotkäppchen verdammt ähnlich.

Hoch über der Lahnschleife ragt seit 1545 das im Stil der Renaissance gestaltete Schloss Weilburg auf.

als ich im großen Bogen die Metropole Gießen umfahre und bei Langgöns wieder den nördlichen Teil des Naturparks Hochtaunus erreiche.

Bitte recht freundlich!

Die nahe Fotostadt Wetzlar ist untrennbar mit der Firma Leitz verbunden. Vor fast genau 100 Jahren schuf der geniale Feinmechaniker Oskar Barnack die sogenannte Ur-Leica, ein en kompakten Fotoapparat, der die großen und schweren Plattenkameras ablöste. Der analoge Kleinbildfilm trat seinen weltweiten Siegeszug an, bis er von den Sensoren der Digitalkameras abgelöst wurde.

Die Leica-Erlebniswelt bietet interessante Einblicke in die Entwicklung optischer Geräte und zeigt in wechselnden Ausstellungen Bilder namhafter Leica-Fotografen. Augen und Objektive werden gleichermaßen gut bedient, als ich anschließend auf die von weitem sichtbare Burg Braunfels stoße.

Die hoch über der Stadt aufragende Bastion wurde im 13. Jahrhundert errichtet, unzählige Male umgestaltet und erweitert, bis sie zum beeindruckenden Prachtbau mutierte. Ein paar Gasstöße später stoppe ich zu Füßen des nicht minder mondänen Schloss Weilburg, das steil aus der hufeisenförmigen Lahnschleife aufragt.

Im Gegensatz zur romantisch anmutenden Burg Braunfeld blieb das im Stil der Renaissance gestaltete Schloss bis heute äußerlich unverändert. Bis in die Gegenwart überdauerte auch die fünfbogige steinerne Lahnbrücke, über die ich hinauf in die sehenswerte Altstadt gelange. Ein verträumtes Teilstück der Deutschen Alleenstraße liegt hinter meinem Rücklicht, als ich später mit noch immer trockenen Pneus wieder an der Burg Runkel stoppe. ◀

INFOS ZUR TOUR

CHARAKTERISTIK

Der waldreiche Taunus erstreckt sich nordwestlich von Frankfurt über eine Länge von 75 und einer Breite von 35 Kilometern. Von Rhein, Main, Lahn und Wetter umflossen, gehört der Taunus zum Rheinischen Schiefergebirge, das vom Hessischen Bergland bis in die belgischen Ardennen reicht. Als höchste Erhebung gilt der bei Motorradfahrern äußerst beliebte Große Feldberg, der mitten im 1962 gegründeten „Naturpark Taunus" 879 Meter aufragt. Der Gipfel wird von einem mächtigen Sendeturm gekrönt und bietet tolle Ausblicke auf die benachbarten Höhenzüge von Westerwald und Hunsrück. Das nicht weit entfernte Vogelsbergmassiv bedeckt eine Fläche von 2 500 km^2 und zählt zum Osthessischen Bergland. Aus dem sogenannten Oberwald mit seinem reichen Buchenbestand erhebt sich der Taufstein (773 m), höchster Gipfel des Vogelberges. Über ihn verläuft die Rhein-Weser-Wasserscheide, von hier aus fließen Gewässer in alle Himmelsrichtungen.

ÜBERNACHTUNG

Hotel Montana Limburg

Während das historische Zentrum der schmucken Domstadt nur 15 Gehminuten vom verkehrsgünstig an der A 3 gelegenen Haus entfernt ist, beginnen die Tourengebiete von Rheingau, Westerwald und Taunus fast vor der Hoteltür. Komfortable Zimmer, prima Service, tolles Frühstücksbüfett, kostenlose Garage.

www.montana-limburg.de

GPS 50.398489, 8.067805

Parkhotel Zum Stern

Das gastliche Haus bietet sich auch für Touren ins Knüllgebirge, den Vogelsberg oder die Rhön an. Ruhige, im Landhausstil eingerichtete Zimmer, ein einladendes Restaurant, ein herrliches Schwimmbad und eine große Garage fürs Bike bilden eine gute Grundlage für unbeschwerte Fahrtage.

www.hotelzumstern.de

GPS 50.858070, 9.47109

BIGGESEE
ATTENDORN
Radler willkommen!
Abfahrtszeiten
TOURATECH

Quellen-forscher

Die unzähligen Gipfel des Naturparks Sauerland-Rothaargebirge untermauern den Titel als Land der 1 000 Berge eindrucksvoll. Auf einem spannenden Motorradtrip Höhen überwinden, Täler durcheilen, Türme erklimmen, Talsperren entdecken und Quellen erforschen – grenzenloser Fahrspaß in der südöstlichsten Ecke Nordrhein-Westfalens, ohne dabei von wilden Wisents auf die Hörner genommen zu werden.

Der zerklüftete Biggesee bietet reichlich Gelegenheiten, an seinem Ufer zu rasten.

TOUREN-STECKBRIEF

BASISORT

Drolshagen (51.05989, 7.82182)

STRECKENLÄNGE

ca. 300 km

DAUER DER TOUR

1 – 2 Tage

ROADBOOK

Drolshagen, Hohe Bracht, Kirchhundem, Rhein-Weser-Turm, Erndtebrück, Lützel, Deuz, Hainchen, Lahnhof, Rüppershausen, Schameder, Berghausen, Aue, Fleckenberg, Schmallenberg, Kahler Asten, Winterberg, Düdinghausen, Willingen, Wulmeringhausen, Altenfeld, Bad Fredeburg, Oedingen, Grevenbrück, Heelden, Drolshagen (300 km)

S. 132

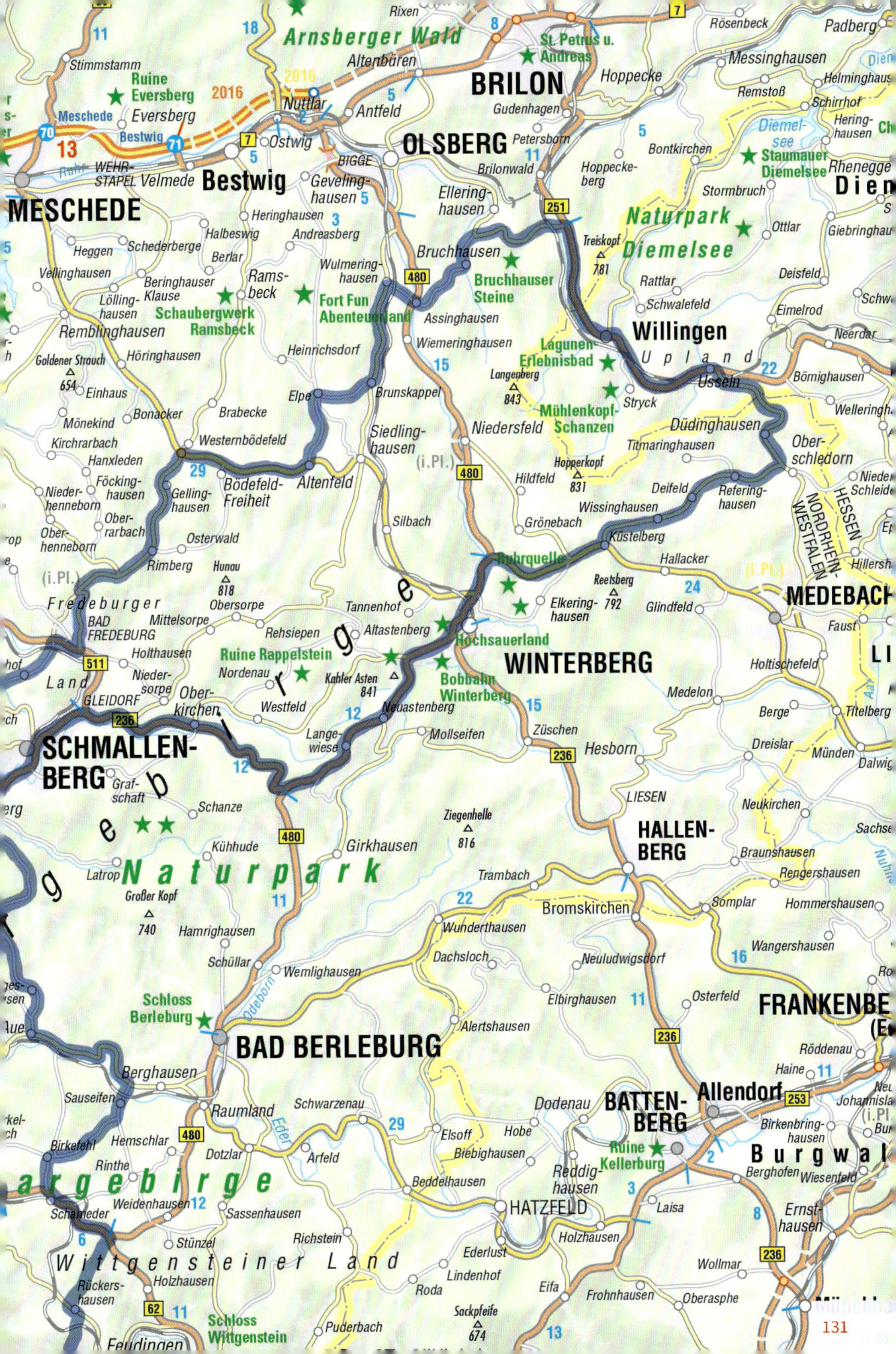
Arnsberger Wald
Rixen
Altenbüren
St. Petrus u. Andreas
BRILON
Rösenbeck
Padberg
Messinghausen
Hoppecke
Stimmstamm
Ruine Eversberg
Eversberg
Meschede
Bestwig
Nuttlar
Antfeld
Gudenhagen
Remstoß
Helminghausen
Schirrhof
Diemelsee
Heringhausen
Staumauer Diemelsee
Rhenegge
Ostwig
OLSBERG
Petersborn
Bontkirchen
WEHR-STAPEL
Velmede
Bestwig
BIGGE
Gevelinghausen
Brilonwald
Hoppecke-berg
Stormbruch
MESCHEDE
Heringhausen
Elleringhausen
Naturpark Diemelsee
Ottlar
Giebringhausen
Heggen
Schederberge
Halbeswig
Andreasberg
Berlar
Bruchhausen
Treiskopf
781
Vellinghausen
Beringhauser Klause
Ramsbeck
Wulmeringhausen
Bruchhauser Steine
Rattlar
Deisfeld
Lölling-hausen
Schaubergwerk Ramsbeck
Fort Fun Abenteuerland
Assinghausen
Schwalefeld
Eimelrod
Remblinghausen
Wiemeringhausen
Willingen
Neerdar
Heinrichsdorf
Lagunen-Erlebnisbad
Upland
Goldener Strauch
654
Höringhausen
Langenberg
843
Usseln
Bömighausen
Einhaus
Elpe
Brunskappel
Stryck
Mönekind
Bonacker
Brabecke
Mühlenkopf-Schanzen
Welleringhausen
Kirchrarbach
Westernbödefeld
Siedlinghausen
Niedersfeld
Düdinghausen
Hanxleden
Titmaringhausen
Oberschledorn
Föckinghausen
Bödefeld-Freiheit
Altenfeld
Hopperkopf
831
Niederschleidern
Niederhenneborn
Gellinghausen
Hildfeld
Deifeld
Referinghausen
Oberrarbach
NORDRHEIN-WESTFALEN
HESSEN
Oberhenneborn
Osterwald
Silbach
Wissinghausen
Grönebach
Küstelberg
Rimberg
Hunau
818
Ruhrquelle
Hallacker
Hillershausen
Fredeburger
Obersorpe
Reetsberg
792
MEDEBACH
BAD FREDEBURG
Mittelsorpe
Tannenhof
Elkeringhausen
Glindfeld
Rehsiepen
Altastenberg
Hochsauerland
Faust
Holthausen
Ruine Rappelstein
WINTERBERG
Nordenau
Kahler Asten
841
Bobbahn Winterberg
Holtischefeld
Land
Niedersorpe
Oberkirchen
Westfeld
GLEIDORF
Neuastenberg
Medelon
Berge
Titelberg
Langewiese
Mollseifen
Züschen
Dreislar
SCHMALLEN-BERG
Hesborn
Münden
Dalwigksthal
Grafschaft
LIESEN
Neukirchen
Schanze
Ziegenhelle
816
HALLEN-BERG
Sachsenberg
Kühhude
Girkhausen
Braunshausen
Naturpark
Trambach
Rengershausen
Latrop
Großer Kopf
740
Bromskirchen
Somplar
Hommershausen
Hamrighausen
Wunderthausen
Wangershausen
Dachsloch
Neuludwigsdorf
Schüllar
Wemlighausen
Elbrighausen
Osterfeld
Schloss Berleburg
Odeborn
FRANKENBERG
Alertshausen
BAD BERLEBURG
Röddenau
Haine
Berghausen
Allendorf
Sauseifen
Dodenau
BATTENBERG
Johannisberg
Raumland
Schwarzenau
Birkenbringhausen
Eder
Hemschlar
Dotzlar
Elsoff
Hobe
Burgwald
Birkefehl
Arfeld
Biebighausen
Ruine Kellerburg
Rinthe
Reddighausen
Berghofen
Wiesenfeld
Weidenhausen
Beddelhausen
Schameder
Sassenhausen
HATZFELD
Laisa
Ernsthausen
Stünzel
Richstein
Holzhausen
Wittgensteiner Land
Ederlust
Wollmar
Lindenhof
Rückershausen
Holzhausen
Roda
Eifa
Frohnhausen
Oberasphe
Schloss Wittgenstein
Puderbach
Sackpfeife
674
Feudingen

Finnentrop
Elspe Festival
Elspe
Grevenbrück
LENNESTADT
MEGGEN
MAUMKE
ALTENHUNDEM
Kirchhundem
Bilstein
Hohe Bracht
584
Kirchveischede
Oedingen
Bracht
Selkentrop
Felbecke
Wormbach
Saalhauser Berge
Saalhausen
Lenne
Langenei
Kickenbach
Würdinghausen
Oberhundem
Hahnenhäuschen
Hohe Hessel
743
Hördler
756
Kasimirstal
Panorama-Park Sauerland Wildpark
Rhein-Weser-Turm
Rüspe
Röspe
Heinsberg
Dreiherrnstein
673
Womelsdorf
Erndtebrück
Rothaargebirge
Fleckenberg
SCHMALLENBERG
Fredeburger Land
BAD FREDEBURG
GLEIDORF
Latrop
Großer Kopf
740
Naturpark
Wingeshausen
Aue
Berghausen
Sauseifen
Birkelbach
Birkefehl
Schameder
Schloss Berleburg
BAD BERLEBURG
Wittgensteiner Land
Rückershausen
Feudingen
Volkholz
Benfe
Ederquelle
Großenbach
Siegquelle
Lahnhof
Lahnquelle
Walpersdorf
Nenkersdorf
Mühle Nenkersdorf
Deuz
Grissenbach
Salchendorf
Helgersdorf
Hainchen
Haincher Höhe
Irmgarteichen
Obernau-stausee
NETPHEN
Siegerland
HILCHENBACH
Stahlberg Museum Müsen
Breitenbachtalsperre
Ruine Ginsburg
Lützel
Altenteich
Ludwigseck
Hohes Wald
655
KREUZTAL
SIEGEN
Nikolai-kirche
Eremitage
Leimbachstadion
Wilnsdorf
Neunkirchen
Dietzhölztal
Eschenburg
Schloss Wittgenstein
BAD LAASPHE
Ruine Rappelstein

Als der freundliche Tankwart das Ziel meiner Reise erfragte und anschließend mit süffisantem Grinsen meinte: „Willst Du keinen Sonnenbrand, so fahre in das Sauerland“ hätte ich stutzig werden sollen.

Es ist ein offenes Geheimnis, dass die von westlichen Winden herangeführten feuchten Luftmassen sich an Mittelgebirgszügen abregnen. Woher sollten sonst die Wassermengen stammen, die von großen und kleinen Flüssen zu den Stauseen transportiert werden und dort der Energiegewinnung und Trinkwasserversorgung dienen?

Der letzte Schluck Frühstückskaffee hat kaum den Adamsapfel passiert und mein Motorrad noch nicht einmal Betriebstemperatur erreicht, als ich am Ende des Dumicktetals auf einen Zipfel des zerklüfteten Biggesees im Naturpark Ebbegebirge treffe. Seit rund 50 Jahren wird hier feuchtes Nass gespeichert, und zwar so viel, dass nicht nur Segeljachten ihre Kreise ziehen, sondern sogar zwei ausgewachsene Fahrgastschiffe, die MS Bigge und die MS Westfalen ihre Runden drehen können.

Klebrige Süßigkeit

Die leckeren Negerküsse meiner Kindheit kommen mir in den Sinn, als ich meine GS mit zulässiger Höchstgeschwindigkeit, legal, aber politisch völlig unkorrekt, durch Unter-, Mittel- und Oberneger schwingen lasse. Natürlich weiß ich, dass die klebrigen Süßigkeiten heute Schaumküsse heißen, doch woher stammt der Begriff Sauerland?

Auf dem Biggesee drehen sogar zwei ausgewachsene Fahrgastschiffe ihre Runden.

Tolles Sauerlandpanorama von Berg Hohe Bracht.

Mit Erreichen der Abzweigung zur Hohen Bracht, meinem ersten anfahrbaren Hochziel des Tages, verschieben sich die Prioritäten: Der Fahrspaß verdrängt die Neugier und rückt auf Platz Eins vor!

Rauf auf die Bergkuppe

Obwohl der grau geschieferte Turm schon von der Straße aus sichtbar ist, dauert es noch eine kleine Ewigkeit, bis ich die fast 600 Meter hohe bewaldete Bergkuppe erreiche. Der Grund dafür ist die an eine große Portion Spaghetti erinnernde Streckenführung. Kaum habe ich die Aussichtsplattform des gleichnamigen Turmes erklommen, liegt mir die Burg Bilstein buchstäblich zu Füßen, während sich am Horizont das Ebbegebirge, das Lennebergland, die Saalhauser Berge und mein eigentliches Ziel, das Rothaargebirge, aneinanderreihen. Bei näherer Betrachtung haben die Werbestrategen mit der for-

Auch der Aussichtsturm heißt Hohe Bracht.

schen Behauptung „Land der 1000 Berge" den Mund wirklich nicht zu voll genommen.

Im nahen Kirchhundem angekommen, brauche ich nur der Ausschilderung Panorama-Park Sauerland folgen, um wenige Kilometer später eine Art Stilfser-Joch-Auffahrt en miniature mit allen Sinnen zu genießen.

Mit meinem Halt am Rhein-Weser-Turm, dem zweiten anfahrbaren Hochpunkt, bin ich mitten im waldreichen Rothaargebirge angelangt, dessen Kamm eine natürliche Wasserscheide bildet. 1932 wurde die Konstruktion in Rekordzeit errichtet. Und weil ich die sieben Etagen hinauf zu den Aussichtsfenstern auch in Rekordzeit geschafft habe gönne ich mir anschließend eine Pause, um wieder zu Atem zu kommen.

Hölzerner Aussichtspunkt

Auf dem rund 700 Meter hohen Westerberg verläuft die Wasserscheide, die dem hölzernen Aussichtspunkt seinen Namen gab: Während an der Westseite fallende Niederschläge letztendlich im Rhein münden, fließen die an der Ostseite niedergehenden Regentropfen später in die Weser.

Schnell an Höhe verloren, begegne ich im Weiler Röspe der Eder, die kurz darauf eine enge Freundschaft mit der B 62 schließt und mich in den äußersten Süden des erst 2015 gegrün-

Dank Stahlseilen trotzt der hölzerne Rhein-Weser-Turm den ruppigen Winden des Rothaargebirges.

Das Sauerland wird von fünf W's geprägt: Wälder, Wasser, Wind, Wolken und gelegentlich auch Wellen.

deten Naturparks Sauerland-Rothaargebirge führt.

In der unverfälschten Natur des Wittgensteiner Forstes entspringen gleich drei bekannte Flüsse: Neben der Eder, die die mächtige Talsperre Edersee speist und nach 170 Kilometern in die Fulda mündet, erblickt auch die Sieg hier das Licht der Welt. Anders als die Eder schlägt sie aber den Weg nach Westen ein und strömt nach rund 150 Kilometern bei Bonn in den Rhein.

Einige Schleifen später sage ich der noch jungen Sieg in Deuz Lebewohl und beschleunige nach Hainchen, um von dort das Forsthaus Lahnquelle anzusteuern. Kaum aus dem Boden gegluckert, macht sich die Lahn wild unentschlossen auf ihren 250 Kilometer langen Marsch: Erst nach Osten, dann im großen Bogen zwischen Westerwald und Taunus hindurch, bis sie bei Koblenz mit dem Rhein Hochzeit feiert.

Kurvenreiche Bergetappe

Die vielen Bäche und Flüsse sollen der Region den Namen gegeben haben, meinen die Gelehrten, andere wiederum führen den Begriff auf einen alten Germanenstamm zurück. Und die haben Wisente gejagt, denn Fleisch und Fell sicherten das Überleben. Unsere Urahnen sind verschwunden, die gehörnten Großrinder zurück.

Die kurvenreiche Bergetappe zwischen Aue und Fleckenberg führt mich durch die 2012 eingeweihte „Wisent-Wildnis“, ein 20 Hektar großes, naturbelassenes Areal, das einer jungen Herde neuen Lebensraum schenken soll.

Wenig später strebe ich gegen den Strom in Richtung Lennequelle. Schmallenberg mit seinen kunstvoll verzierten Schieferfassaden sieht nur noch meine Rücklichter, als ich erwartungsvoll die Hochsauerland-Höhenstraße unter die Räder kommen lasse.

Der 841 Meter aufragende Gipfel des Kahlen Asten ist nicht nur mein drittes anfahrbares Hochziel, sondern auch der dritthöchste Berg des Rothaargebirges. Als kleiner Junge stolperte ich erstmals über den seltsam klingenden Namen Kahler Asten: Er tauchte auf der eindrucksvoll beleuchteten analogen Skala des mit Nussbaum furnierten Radiogerätes meiner Großmutter und in den ausführlichen Wettervorhersagen des Deutschlandfunks auf und schien aus einer fernen Welt zu stammen.

Während sich die echten Wisente im Wald verbargen, mussten halt die stählernen Exemplare fürs Foto stillhalten.

Der abkühlende Motor tickert leise vor sich hin, als ich für einen Euro den bereits im 19. Jahrhundert errichteten Turm des Deutschen Wetterdienstes besteigen darf. Dicke Glasscheiben schützen mich vor den rauen Winden, die den Gipfel umspielen, schmälern aber auch den Eindruck des gigantischen Rundumpanoramas. Eine Etage über mir bohren sich Antennen und

Im Höhenzug Homert werden grüne Kuppen und verträumte Dörfer durch kurvenreiche Nebenstrecken verbunden.

ZUM TURM

Messgeräte in den Himmel, um den hier tätigen Meteorologen verlässliche Daten für ihre Wetterprognosen zu liefern. Unterdessen läuft die Kaffeemaschine im Bistro auf Hochtouren, denn der „König der sauerländer Berge" ist ein äußerst beliebter Bikertreff. Besonders heute, weil er seinem Ruf, sonnenscheinärmster Punkt Deutschlands zu sein, zum Glück nicht gerecht wird.

Kinderstube der Ruhr

Die Lennequelle, die hier irgendwo im Unterholz verborgen scheint, lasse ich links liegen, rolle durch das quirlige Winterberg und beschleunige zur Kinderstube der Ruhr. Gut ausgeschildert, mit kleinem Parkplatz und bequem zu Fuß zu erreichen, staune ich über das glucksende Rinnsal, das auf seinem Weg westwärts zu einem wichtigen Strom wachsen wird und einem bedeutenden Wirtschaftsstandort seinen Namen verleiht.

Einige Historiker führen den Begriff Sauerland auf „Süderland" zurück, Gebiete, die südlich der Ruhr liegen. Bis zum Beginn der Industrialisierung und wachsender Bevölkerungsdichte unterlag der Flusspegel starken jahreszeitlichen Schwankungen. Um die auszugleichen, den Mangel an Brauch- und Trinkwasser einzudämmen und ausreichend Strom zu produzieren, wurde Anfang des 20. Jahrhunderts der Ruhrverband gegründet und die ersten, vergleichsweise kleinen Talsperren errichtet. Mit der Aufrüstung zum Zweiten Weltkrieg bedurfte es schon mächtigerer Stauseen. Und die Wirtschaftswunderjahre der Nachkriegszeit wären ohne weitere und größere Wasserspeicher undenkbar gewesen.

Der Gipfel des Kahlen Asten ist ein gut besuchter Bikertreff und auch meteorologische Station (l. Seite).

Direkt an der Ruhrquelle lassen sich Größe und Bedeutung des Wasserlaufs noch nicht erkennen (oben).

Mit dem Abzweig nach Düdinghausen verlasse ich die kurzweilige Hochsauerland-Höhenstraße und wechsle auf einer klitzekleinen Asphaltpiste nach Hessen.

Kitsch, Kunst und Krempel

Am Ortsrand von Usseln fordert das sogenannte Curioseum einen Halt. In einem ehemaligen Bauernhof hat der sympathische Hans Schlömer, der sich selbst als Sammler von Kitsch, Kunst und Krempel bezeichnet, Mögliches und Unmögliches unter einem Dach zusammengetragen, darunter auch

Fans des legendären Käfers finden ihr Mekka in Thorstens Garage.

einige seltene und sehr schöne Zweiräder.

Mein breites Grinsen hält an, denn nur wenige hundert Meter später lässt mich ein weiterer Oldie vor Thorstens Käfergarage in die Eisen steigen. Ein VW Käfer, dessen barocke Formen bis auf Fenster und Reifen völlig mit ausrangierten Nummernschildern überzogen sind, bildet einen werbewirksamen Blickfang und Gelegenheit für den Schwatz über das erste eigene Auto.

Als Zweimetermann kenne ich mich mit langen Beinen aus, trotzdem beeindrucken mich die hohen Stelzen des 100-jährigen Eisenbahnviaduktes, zwischen denen ich nach Willingen hinein rolle.

Im Zentrum treffe ich auf das letzte Exemplar eines so genannten „Linnenkerls“, das als Bronzeplastik überlebt hat. Bereits im Mittelalter zogen Willinger Händler in die Ferne, um Holz und Eisenwaren und später auch Leinen zu verkaufen. Doch mit unserer schnelllebigen Zeit sind Hausierer gänzlich verschwunden. Kurz darauf kehre ich auf einer verkehrsarmen Trasse bei Bruchhausen wieder nach NRW zurück, eine tolle Strecke, die jedes noch so verschlafene Öltröpfchen

Über dem Viadukt rattern seit fast 100 Jahren die Eisenbahnzüge.

Die „Linnenkerls", die als Hausierer auszogen, um Leinenstoffe zu verkaufen, haben nur als Bronzeplastik überlebt.

Die größten und leckersten Windbeutel des Sauerlandes gibt es im Hotel Dumicketal.

aus den entlegensten Motorwinkeln zaubert.

Im benachbarten Rosendorf Assinghausen reihen sich in der Grimmestraße wunderschöne Fachwerkhäuser aneinander und führen mich in den schmucken Ortskern zum Denkmal des westfälischen Heimatdichters und sauerländischen Originals Friedrich Wilhelm Grimme, der dem Volk vortrefflich aufs Maul schaute. In Siedlungshausen erneut auf der verschlungenen Höhenstraße unterwegs, habe ich damit den Langenberg und den Hegekopf (beide 843 Meter hoch) umrundet, zwar nicht das Dach der Welt, aber das Höchste im Rothaargebirge.

Unzählige Biegungen

Für meinen weiteren Rückweg habe ich fast ausnahmslos ehrliche Landstraßen eingeplant: Unzählige Biegungen, sanfte Kuppen und kleine Wälder wechseln sich mit schmucken Giebeln, kunstvollen Fassaden und gepflegten Vorgärten ab.

Auf den Wiesen grasen Kühe, Schafe und Pferde, die sich aber nicht vom sonoren Brummen meines Bayernboxers ablenken lassen. Nach einem äußerst entspannten Abstecher durchs Fredeburger Land und die Saalhauser Berge kommt mir die stark frequentierte B 55 zwischen Oedingen und Grevenbrück wie eine dreispurige Autobahn vor, dass ich froh bin, nach einem kurzen Intermezzo ins stille Repetal flüchten zu können.

Das letzte Sahnehäubchen meiner Türme-Täler-Talsperren-Tour wartet im Hotel Dumicketal auf mich, dort werden die größten und leckersten Windbeutel der Region serviert. Ätschibätsch, lieber Tankwart: Ich war bei Kaiserwetter unterwegs! ◀

INFOS ZUR TOUR

CHARAKTERISTIK

Der erst unlängst ins Leben gerufene Naturpark Sauerland-Rothaargebirge ist mit fast 4000 Quadratkilometern Fläche der zweitgrößte Deutschlands. Das bis zu 840 Meter hohe Mittelgebirge liegt zum größten Teil in Nordrhein-Westfalen, der kleinere gehört zu Hessen und verläuft in nordöstlicher Richtung auf rund 60 Kilometer Länge zwischen Siegen und Willingen. Die beschriebenen Hochpunkte und die sauerländischen Stauseen sind auch unter der Woche beliebte Bikertreffs. Das dichte Netz von kurvigen Bergstrecken, waldreichen Passagen und verkehrsarmen Etappen lockt besonders an Wochenenden zahllose Motorradfahrer an.

ÜBERNACHTUNG

Landhotel Haus Dumicketal

Im gleichnamigen Tal zwischen Biggesee und Listersee versteckt sich dieses Juwel sauerländischer Gastlichkeit. Idealer Ausgangspunkt auch für Touren ins Bergische Land oder an die zahlreichen Stauseen. Martina und Martin Lütticke bieten klasse Kost und Logis zu moderaten Preisen, die himmlische Nachtruhe, die Garage und das WLAN gibt's gratis.

www.hausdumicketal.de

GPS 51.05989, 7.82182

ATTRAKTIONEN

Weiterführende Informationen zu den im Text genannten Sehenswürdigkeiten / Museen im Internet:

Aussichtsturm Hohe Bracht
www.sauerland.com/Media/Attraktionen/Aussichtsturm-Hohe-Bracht

Rhein-Weser-Turm
www.rhein-weser-turm.de

Forsthaus Lahnquelle
www.forsthaus-lahnquelle.de

Wisent-Wildnis am Rothaarsteig
www.wisent-welt.de

Curioseum Willingen
www.curioseum-willingen.de

Thorstens Käfergarage Willingen
www.thorstenskaefergarage.de

In der **Grimmheimat**

Märchenhaftes Motorradwandern im Geo-Naturpark Frau-Holle-Land zwischen Kassel und Knüllwald, Fulda und Werra. Trutzige Burgen und romantische Schlösser sowie Trennendes und Verbindendes entlang der ehemaligen innerdeutschen Grenze prägen jenen wald- und wasserreichen Landstrich in Deutschlands Mitte, in dem einst die Brüder Grimm Sagen und Mythen nachgingen und die Weser ihre Kinderstube hat.

Schloss Berlepsch ist seit 500 Jahren im Familienbesitz und verbirgt sich in der der nordöstlichsten Ecke Hessens.

TOUREN-STECKBRIEF

BASISORT

Hessisch Lichtenau (51.19904, 9.72590)

STRECKENLÄNGE

Ca. 300 km

DAUER DER TOUR

1 – 2 Tage

ROADBOOK

Hessisch Lichtenau, Spangenberg, Berneburg, Nentershausen, Wommen, Hörschel, Creuzburg, Mihla, Treffurt, Weißenborn, Reichensachsen, Abterode, Velmeden, Weißenbach, Albungen, Bad Sooden-Allendorf, Gerbershausen, Werleshausen, Berge, Mollenfelde, Hedemünden, Hannoversch-Münden, Laubach, Hedemünden, Ermschwerd, Nieste, Kaufungen, Hessisch Lichtenau (300 km)

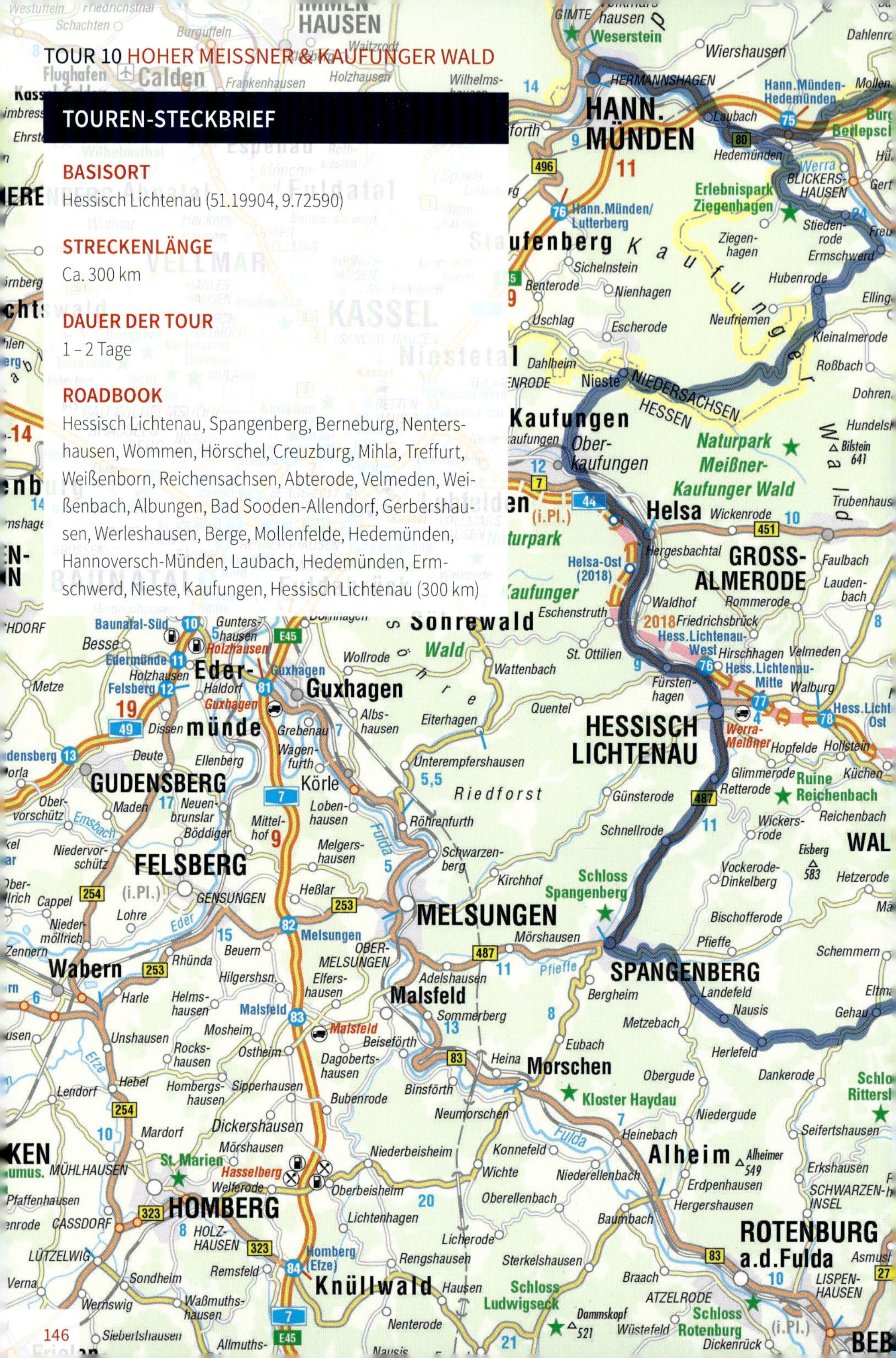

Schneen
Friedland
Ischenrode
Vogelsang
Bischhagen
Reinholterode
Steinbach
Hundeshagen
Reiffenhausen
Rohrberg
Freienhagen
Günterode
Zehnsberg
Breitenbach
Hermannrode
Arenshausen
Schachtebich
Mengelrode
Westhausen
Bodenrode-
Wingerode
Niedergandern
Rustenfelde
Heiligenstadt
LIETHEN
LEINEFELDE-
BREITENH
Berge
Hebenshausen
Kirchgandern
Burgwalde
St. Martin
Marth
Steinheuterode
Rengelrode
Neu-Eichenberg
Eichenberg
Hohengandern
Arenshausen
Hessenau
HEILBAD HEILIGENSTADT
Beuren
Beinrode
Unterstein
Rumerode
Uder
Kallmerode
TZENHAUSEN
Birkenfelde
Oberstein
Thalwenden
Geisleden
Kreuzebra
Reifenstein
UNTERRIEDEN
Bornhagen
Gerbershausen
Schönhagen
Lenterode
Lutter
Heuthen
Werleshausen
Ruine Hanstein
Röhrig
Werdingshäuser Kirche
Naturpark
Wüstheuterode
Fürstenhagen
Flinsberg
Keffershausen
Werra
Fretterode
Lindewerra
Vatterode
Eichstruth
Kaltenebe
Bernterode
Ascherode
DINGELSTÄDT
Oberrieden
Ellershausen
Dietzenrode
Mackenrode
Naturpark Meißner-Kaufunger Wald
Rückerode
Altenstein
Dieterode
Krombach
Wachstedt
Wahlhausen
Schwobfeld
Martinfeld
Eichsfeld-
Ahrenberg
BAD SOODEN-ALLENDORF
Hessel
Rüstungen
Küllstedt
Wiesenfeld
Lehna
Rosoppe
Büttstedt
Kammerbach
Volkerode
Sickerode
Ershausen
Anrode
Dudenrode
Pfaffschwende
Großbartloff
Bickenriede
Weiden
Wilbich
Effelder
Frankenhain
Berkatal
Hitzerode
Motzenrode
Hitzelrode
Ruine Bilstein
Frankershausen
Kella
Greifenstein
Geismar
Hainich-
Albungen
Großtöpfer
Kloster Zella
Annaberg
Struth
Neuerode
Meinhard
Döringsdorf
Lengenfeld
Rodeberg
Abterode
Vockerode
Jestädt
Bebendorf
Keudelstein
Eigenrieden
Meißner
Weidenhausen
GREBENDORF
KNAUS Campingpark Eschwege
Hildebrandshausen
Germerode
Mönchhof
NIEDERHONE
Schwebda
Frieda
Faulungen
WANFRIED
ELTMANNSHAUSEN
ESCHWEGE
Katharinenberg
Rodebach
NIDDAWITZHAUSEN
OBERHONE
Aue
Diedorf
Werra
Oberdünzebach
Niederdünzebach
Schlierbachswald
HESSEN
THÜRINGEN
Heyerode
Wendehausen
Vierbach
Völkershausen
Schierschwende
Waldkappel
Oetmannshausen
Reichensachsen
Altenburschla
Ruine Normannstein
Langenhain
Schönberg
Hallungen
Wehretal
Großburschla
TREFFURT
Bischhausen
Hoheneiche
Heldra
Taubenthal
Kirchhosbach
Datterode
Lautenbach
Weißenborn
Falken
Nazza
Wichmannshausen
Mitterode
Röhrda
Rambach
Schnellmannshausen
Frankenroda
Urlettig
Netra
Scherbda
Ebenshausen
Stadthosbach
Wellingerode
KRAUTHAUSEN
Wolfmannsgehau
Freitagszella
Mihla
Grandenborn
Rittmannshausen
Buchenau
Heyerode
Ringgau
Lüderbach
Volteroda
Weißenborn
Breitau
Renda
Lustefeld
Ifta
Creuzburg
Ebenau
Berneburg
SONTRA
Heidelberg
CREUZBURG
HORNEL
Rittersberg
Altefeld
Archfeld
Mihlberg
Rockensüß
Lindenau
Ulfen
Hohenhaus
Holzhausen
Willershausen
Ütteroda
Cornberg
Weißenhasel
Lengröden
Kraut-hausen
Neukirchen
Menglers
Nesselröden
Frauenborn
Spichra
MADELUNGEN
Nentershausen
Wölfterode
Unhausen
Wommen
Herleshausen
Pferdsdorf
Blankenbach
STREGDA
Solz
Herleshausen
Hörschel
Eisenach-West
Werratal
Eisenach
Sallmannshausen
Neustädt
Wartha
Neuenhof
Stedtfeld
RAMSBORN
Imshausen
Bauhaus
Süß
Lauchröden
Ruine Brandenburg
Iba
Gunkelrode
Richelsdorfer Hütte
EISENACH
Richelsdorf

Das offizielle Willkommensschild von Hessisch Lichtenau.

Unübersehbar! In Hessisch Lichtenau weist ein großes Schild auf die Bedeutung des Fachwerkstädtchens als Tor zum Frau-Holle-Land hin. Die Bergregion um den Hohen Meißner ist nicht nur für seine beeindruckenden Panoramen bekannt, sondern gilt auch als Heimat des weltbekannten Märchens rund um die schneemachende Dame.

Die waschechten Hessen Jacob und Wilhelm Grimm verewigten die Erzählung in ihren vor 200 Jahren erstmals veröffentlichten „Kinder- und Hausmärchen". Doch statt mit der Tür ins Haus zu fallen – in diesem Fall direkt zum Hohen Meißner, dem König der nordosthessischen Berge aufzusteigen – möchte ich mich dem Monarchen langsam nähern.

Obwohl ziemlich abgedroschen, soll tatsächlich der Weg mein Ziel sein. Der zwischen Bergmassiv und Documenta-Stadt Kassel gelegene Ort schickt mich auf der B 487, der Deutschen Fachwerkstraße, zum Schloss Spangenberg. Im 13. Jahrhundert auf einem Bergkegel zur Sicherung bedeutender Transportwege erbaut, wurde die Burg später zum Schloss umgestaltet und diente zeitweise sogar als Gefängnis.

Weite Teile der Tour führen abseits der Hauptstraßen über landschaftlich reizvolle Nebenstrecken.

Da mein Flensburger Punktekonto einen Nullsaldo aufweist, bleibe ich auf freiem Fuß, tangiere die nördlichen Ausläufer des Knüllgebirges und lasse mich von einer verschlungenen Asphaltader äußerst kurzweilig durch Täler und über Kuppen nach Nentershausen transportieren.

Der Werra-Burgen-Steig

Etwas außerhalb des Ortes wurde im 14. Jahrhundert die Tannenburg erbaut, um die hier verlaufenden Handelsrouten zu schützen. Ein Rundgang durch die gut erhaltene Festung schenkt mir Einblicke in das Leben der einfachen Knechte und edlen Ritter. Sie gehört zu den mittelalterlichen Bauten des bekannten Fernwanderweges Werra-Burgen-Steig, dem ich heute öfter begegnen werde.

Helm auf, Visier zu, weiter geht's! Nach einem klitzekleinen Stückchen B 400 neigt der jenseits der A 4 gelegene Teer zur Magersucht. Hier, in der abgeschiedenen Region am Gesäß der ehemaligen westlichen Welt hatte der Eiserne Vorhang ganze Arbeit geleistet: In der verwaisten Lage östlich der Werra treffe ich noch heute auf verschlafene Dörfer, menschenleere Straßen und den schon selten gewordenen Braunkohlegeruch.

Der aus dem angrenzenden Thüringer Wald heran strömende Fluss bildete lange Zeit die unüberwindbare Grenze zwischen beiden deutschen Staaten. Die Nähe zum Kapitalismus hatte aber auch etwas Gutes: Die am rechten Fahrbahnrand zwischen Lauchröden und Göringen aufragende Burgruine Brandenburg

Bei einem Rundgang durch die Tannenburg wird man in die Welt der Knappen und Ritter versetzt.

Ein Halt am Aussichtsbalkon Schwalbenthal gehört zum Pflichtprogramm.

lag im Sperrgebiet und blieb unberührt erhalten. Fünf Flussquerungen und ein paar Fahrminuten später rolle ich durch Creuzburg mit seiner im 12. Jahrhundert erbauten Höhenburg, die einst als Residenz der Thüringer Landgrafen diente.

Eine kurzweilige Landstraße kuschelt sich dicht an das Flussbett und entführt mich ins nahe Mihla, das gleich mit zwei Schlössern auftrumpfen kann. Eine Ritterfamilie erwarb die alte Wasserburg, ließ die Gräben zuschütten und das Gemäuer repräsentativ herrichten – es entstand das graue Schloss. Wenig später, Ende des 16. Jahrhunderts, wurde in der Nachbarschaft das rote Exemplar im Fachwerkstil errichtet.

Vom Adel auf den Acker heißt es dann, als ich durch Wald und Flur nach Treffurt strebe. Oberhalb des Ortes klebt die romanische Burg Normannstein wie ein Schwalbennest am Hang. Sie kontrollierte einst die strategisch wichtige Werrafurt.

Seine Majestät lässt bitten

Dank neuzeitlicher Brückentechnik gelange ich mit trockenen Pneus über den Wasserlauf, wechsel von Thüringen wieder nach Hessen und biege in den Schlierbachswald ab, der sich als wahres Kurveneldorado entpuppt: ein dünn besiedeltes, bis 500 Meter emporragendes Mittelgebirge mit geringem Verkehrsaufkommen und schmalen Straßen ohne Mittelstrich.

Der Reiz der Nebenstrecke verfliegt mit dem Erreichen der breiten B 27 im Wehretal. Doch kaum den höchsten Gang eingelegt, biege ich schon wieder ab und beginne mit dem Aufstieg zum König der nordosthessischen Berge: dem Hohen Meißner.

Nur wenige verträumte Weiler bremsen meinen Vorwärtsdrang, als ich auf verwinkelten Landstraßen über bewaldete Kuppen hüpfe und wenig später auf dem weitläufigen Hochplateau eintreffe, das von der Kasseler Kuppe mit 754 Höhenmetern gekrönt wird.

Vom Aussichtspunkt Schwalbenthal lasse ich meinen Blick über das Werratal in Richtung Thüringen wandern. Die Mittelgebirgsregion zwischen Fulda und Werra liefert eine ganze Palette landschaftlicher Vielfalt, der Naturpark mit dem sperrigen Namen Meißner Kaufunger Wald wurde 2017 in Frau-Holle-Land umbenannt, weil eben hier die Heimat des weltbekannten Grimm-Märchens vermutet wird.

Der magische Wetterstein am Hohen Meißner funktioniert völlig ohne Strom und informiert über das aktuelle Klima.

Von Gold bis Pech

Dabei soll ein junges Mädchen, von der bösen Stiefmutter drangsaliert und ausgenutzt, in einen Brunnen gestürzt sein, der sich als Tor in eine Parallelwelt entpuppt: Fortan muss sie Aufgaben bei Frau Holle meistern. Weil äußerst fleißig und geschickt, erhält sie als gerechten Lohn die Freiheit und wird mit Gold überschüttet. Als die neidische Stiefschwester davon erfährt, gelangt sie ebenfalls durch den magischen Brunnen zu Frau Holle, wird aber, weil faul und ungeschickt, mit einem Pechregen bestraft.

Mit unüberhörbarem Magenknurren setze ich die Umrundung des Bergmassivs fort und kehre dann mit reichlich Appetit in der Jausenstation Großalmerode-Weißenbach ein, um mir eine nordhessische Spezialität, die Ahle Wurscht schmecken zu lassen. Gut gestärkt beende ich meine Privataudienz beim König und gelange vom Himmel in die Hölle, oder besser gesagt ins Höllental.

Das von steilen Felswänden geprägte Tal der Berka zwischen Fran-

Das Grenzmuseum Schifflersgrund zeigt den Fahr- und Flugzeugpark jenseits des Eisernen Vorhangs.

kershausen und Albungen ist teilweise so dunkel und eng, dass der Name durchaus berechtigt ist.

Eiserner Vorhang

Wieder im Sonnenlicht, schmiegt sich die breite B 27 an die weiten Schleifen des Flusses, über den sich kurz darauf das neogotische Schloss Rothestein erhebt. Eng mit der Werra verbunden ist auch die durch Salz reich gewor dene Fachwerk- und Kurstadt Bad Sooden-Allendorf. Das Gewässer bildete bis zur Wiedervereinigung die nasse Grenze zur ehemaligen DDR. Wie der Eiserne Vorhang gesichert war, und mit welchen Fahrzeugen die Bewacher unterwegs waren, erkunde ich im nahen Grenzmuseum Schifflersgrund.

Hier wird nicht nur die Tragik der Teilung beider deutscher Staaten anschaulich dargestellt, sondern auch jene perfide Technik gezeigt, die den angeblich antifaschistischen Schutzwall unüberwindlich machte. Die grenzenlose Freiheit genießend, treibe ich meinen Bayern-Boxer ganz entspannt durch die sanft modellierte Landschaft des Naturparks Eichsfeld-Hainich-Werratal.

Von seinem westlichen Rand steige ich zur Burgruine Hanstein auf. Im Dreißigjährigen Krieg weitgehend zerstört, schien sie niemandes Interesse zu finden, bis sich 1955 DDR-Grenzer auf dem aussichtsreichen Nordturm einnisteten, um den Klassenfeind zu beobachten. Wachsamkeit war auch auf der gegenüberliegenden Burg Ludwigstein gefordert, als sie 1415 bei Werleshausen erbaut wurde, um sich gegen die aufdringlichen Nachbarn aus dem Eichsfeld zu wehren.

Fünfhundert Jahre später dem allmählichen Verfall preisgegeben, sorgten erste Jugendgruppen für den Wiederaufbau und die friedliche Nutzung. Heute stehen die Tore der sogenannten Jugendburg allen Pfadfindern und Wandervögeln offen. Sie waren es wohl auch, die aus dem einfachen Meißner, den Hohen Meißner und ihn damit landesweit bekannt machten.

Die zwischen beiden Burgen liegende Werraschleife soll der Sage nach der Teufel geschaffen haben: In dunkler Nacht hat er mit den Harzer Brockenhexen gewettet, einen riesigen Felsklotz bis zum Hohen Meißner schleppen zu können, ohne abzuset-

Von der Ruine Hanstein geht der Blick über das Werratal bis zur hessischen Burg Ludwigstein.

Einst als Grenzbefestigung erbaut, stehen die Tore der Jugendburg Ludwigstein nun Pfadfindern und Wandervögeln offen.

zen. Als er schwächelte und eine kleine Pause einlegte, wurde sein unfaires Verhalten entdeckt. Stinksauer stampfte er auf den Boden und prägte so den Lauf des Flusses.

Mal wieder für ein kurzes Stück auf der mir bestens bekannten B 27 unterwegs, sage ich ihr kurz vor Friedland nun wirklich Lebewohl und lenke meine Maschine zum etwas abseits gelegenen Schloss Berlepsch, das sich in der nordöstlichsten Ecke Hessens verbirgt: Belagert, erstürmt, niedergebrannt und wiederaufgebaut, wird der Familienbesitz seit 500 Jahren stets vom Vater an den Sohn vererbt.

Das märchenhafte Schloss Berlepsch diente schon häufig als perfekte Kulisse für Filmproduktionen.

Anders als auf den besuchten Burgen Hanstein und Ludwigstein sucht man hier vergebens nach Grenzspähern und Schlafsälen, denn das hübsch herausgeputzte historische Gemäuer beherbergt ein edles Hotel und dient eher als prachtvolle Filmkulisse.

Ein dünnes Teerband kräuselt sich parallel zur A7 bis ins Tal der Werra, die sich in weiten Radien der Drei-Flüsse-Stadt Hannoversch Münden nähert. Trotz Navi-Unterstützung muss ich bei der Suche nach dem Weserstein die Augen aufhalten.

Der bekannte Felsbrocken verbirgt sich auf einem Großparkplatz unter dem dichten Blätterdach einer mächtigen Kastanie und trägt die Inschrift: Wo Werra sich und Fulda küssen, Sie ihre Namen büssen müssen, Und hier entsteht durch diesen Kuss, Deutsch bis zum Meer der Weser Fluss. Während die Fulda von ihrer Quelle auf der Rhön 220 Kilometer hinter sich hat,

Wasser und Weserstein von Hannoversch-Münden.

Seit 1000 Jahren ragt die Stiftskirche zum Heiligen Kreuz über dem Ortskern von Oberkaufungen auf.

legt die im Thüringer Wald entspringende Werra knapp 300 Kilometer bis hier zurück.

Unterschiedlichste Kurven

Vor meinen staubigen Stiefeln treffen sie zusammen und lassen die Weser entstehen. Der etwa 70 Zentner schwere Weserstein wurde 1899 gesetzt und stammt aus dem Kaufunger Wald, meinem nächsten Ziel. In Hedemünden quere ich die Werra ein letztes Mal und verschwinde auf allerkleinsten Straßen in den ausgedehnten Forsten zwischen Kleinalmerode und Nieste.

Der Höhenzug Kaufunger Wald präsentiert mir eine umfangreiche Sammlung unterschiedlichster Kurven und mit dem 446 Meter hohen Umschwang sogar einen waschechten Pass. Immer um das Seelenheil der Untertanen besorgt, ohne dabei das eigene aus den Augen zu verlieren, sorgte der mittelalterliche Adel für die Errichtung zahlreicher Klöster. In Oberkaufungen wurde um 1000 eine Kaiserpfalz für Heinrich II und seine Gattin Kunigunde erbaut und wenige Jahre später durch kaiserliche Schenkung eine Benediktinerinnen-Abtei gegründet.

Im Zuge der Reformation aufgelöst, blieb die mächtige Stiftskirche zum Heiligen Kreuz erhalten und ragt noch heute über dem alten Ortskern auf, um sie herum die mit reichlich Fachwerk versehenen Klosterbauten. Spät ist es geworden, als ich auf der Deutschen Märchenstraße durch das Lossatal nach Hessisch Lichtenau schwinge und mir wünsche, dass Frau Holle auch mein Hotelbett aufgeschüttelt hat. ◀

INFOS ZUR TOUR

CHARAKTERISTIK

Der über 1100 km^2 große Geo-Naturpark Frau-Holle-Land befindet sich zwischen den Unterläufen von Fulda und Werra, die sich in Hannoversch-Münden zur Weser vereinigen. Die bewaldeten Kuppen in diesem Flussdreieck zählen zum Nordhessischen Bergland. Während der Hohe Meißner einst durch Bergbautätigkeiten ausgebeutet wurde, blieb die Naturlandschaft des Kaufunger Waldes mit seinen zahlreichen kleinen Wasseradern bis heute weitgehend erhalten. Ein dichtes Netz von Nebenstrecken verbindet malerische Ortskerne mit märchenhaften Schauplätzen. Die Heimat der Gebrüder Grimm stellt weder Anfänger, noch Profis vor fahrerische Herausforderungen.

ÜBERNACHTUNG

Landhotel-Restaurant Meißnerhof

Das Haus bietet regionale Küche, modern ausgestattete Zimmer und eine Scheune fürs Motorrad. Ein idealer Ausgangspunkt.

www.meissnerhof.de

GPS 51.197223, 9.903821

ATTRAKTIONEN

Weiterführende Informationen zu den im Text genannten Sehenswürdigkeiten / Museen im Internet:

Schloss Spangenberg
www.schloss-spangenberg.eu

Tannenburg Nentershausen
www.tannenburg.de

Burgruine Brandenburg
www.die-brandenburg.de

Burg Creuzburg
www.burg-creuzburg.de

Burg Normannstein
www.restaurant-normannstein.de

Jausenstation Großalmerode-Weißenbach
www.der-urgeschmack.de

Grenzmuseum Schifflersgrund
www.grenzmuseum.de

Burgruine Hanstein
www.burgruine-hanstein.de

Dichtung und **Wahrheit**

Wenn sie nicht gestorben sind, so leben sie noch heute: Die Suche nach Rotkäppchen und Co. bietet reale Genüsse in den fabelhaften Landstrichen von Knüllgebirge und Kellerwald. Auf einer zünftigen Tour zwischen Eder und Fulda, Rothaargebirge und Vogelsberg von einem Bikertreff zum anderen unterwegs und dabei den Begriff „Café-Racer“ neu interpretieren. Ein grenzenloser Fahrspaß auch für Teetrinker.

Der Edersee ist nicht nur ein Wassersporteldorado, sondern auch einer der beliebtesten regionalen Bikertreffs.

TOUREN-STECKBRIEF

BASISORT
Wallenstein (50.95052, 9.49233)

STRECKENLÄNGE
ca. 300 km

DAUER DER TOUR
1 – 2 Tage

ROADBOOK
Wallenstein, Oberaula, Aua, Remsfeld, Homberg (Efze), Borken, Fritzlar, Bad Wildungen, Hundsdorf, Gellershausen, Waldeck, Herzhausen, Sachsenberg, Frankenberg, Battenberg, Dodenau, Sackpfeife, Wetter, Kirchhain, Speckswinkel, Schwalmstadt, Seigertshausen, Schwarzenborn, Wallenstein (300 km)

Edertal
Bad Wildungen
Fritzlar
Gudensberg
Felsberg
Guxhagen
Melsungen
Malsfeld
Wabern
Borken
Homberg
Knüllwald
Neuental
Frielendorf
Schwalmstadt
Treysa
Ziegenhain
Neukirchen
Oberaula
Kirchheim
Neustadt (Hessen)
Willingshausen
Schrecksbach
Ottrau
Alsfeld
Kirtorf
Antrifttal
Schwarzenborn
Bad Zwesten
Jesberg
Ruine Wallenstein
Schloss Neuenstein
Borgmann turm
Eisenberg
Knüll 635
Wüstung Hayn
Dom zu Fritzlar
Großsteingrab Züschen
Ruine Löwenstein
Bergbaumus. Borken
St. Marien
Junker-Hansen-Turm
Burg Herzberg
Hattenbacher Dreieck
Bad Hersfeld-West
Kellerwald
Löwensteiner Grund
Knüllgebirge
Schwalm

S. 161

Vom rustikalen Aussichtsturm auf dem 634 Meter hohen Knüllköpfchen wandert der Blick bis an den Horizont.

Vorsicht Schusswaffengebrauch! Gott sei Dank sind es nur wärmende Sonnenstrahlen, die auf mich abfeuert werden, als ich frühmorgens am Rande des Truppenübungsplatzes Schwarzenborn durchs menschenleere Knüllgebirge husche. Der angenagte Straßenbelag schickt Vibrationen bis in die Lenkerenden, das Kurvenspektrum fordert erhöhte Aufmerksamkeit.

Kaum bin ich in Oberaula auf die B 454 abgebogen, setze ich nach nur wenigen Schaltvorgängen vor Gersdorf erneut den Blinker, um auf der geschmeidig fahrbaren Eisenbergstraße dem Himmel ein großes Stückchen näher zu kommen.

Auf dem 635 Meter hohen Gipfelplateau des wald- und wasserreichen Mittelgebirges angekommen, bietet der nach einem verdienten Forstmeister benannte Borgmannturm tolle Ausblicke auf Thüringer Wald, Rhön und Vogelsberg. Wieder im Sattel genieße ich die steil abfallende Eisenbergstraße in voller Länge bis vor die Pforte von Schloss Neuenstein, das auf den Grundmauern einer mittelalterlichen Burg entstanden ist, und deren mächtiger Bergfried bis heute überdauerte.

Schloss Neuenstein entstand auf den Grundmauern einer mittelalterlichen Burg.

Mit Zeit und Muße ausgestattet, arbeite ich an meinem Hüftschwung und tanze parallel zur A7 der Touristinfo in Remsfeld entgegen. Die vor dem Haus aufgestellte Skulptur „Rotkäppchen und der Wolf" bereitet mich darauf vor, dass man Märchen nicht nur in dicken, verstaubten Wälzern findet, sondern auch im Herzen Deutschlands.

Rotkäppchen und der Wolf vor der Remsfelder Touristinfo.

Nach einem freundlichen Empfang halte ich umfangreiches Informationsmaterial in den Händen, das die vielen Sehenswürdigkeiten der Region und die hier angesiedelten Erzählungen der Gebrüder Grimm vorstellt.

Kaffeedurst und Neugier

Voll im Thema geleitet mich die Deutsche Märchenstraße nach Homberg/Efze. Als Kaffeedurst und Neugier mich hinter die dicke Festungsmauer schauen lassen, werde ich nicht enttäuscht: Im historischen Ortskern verbergen sich malerische Gassen, kunstvolles Fachwerk und am großzügigen Marktplatz zu Füßen der evangelischen Stadtkirche St. Marien die Skulptur Brüderchen und Schwesterchen, deren fabelhafte Geschichte ebenfalls Einzug in die berühmte Sammlung der Gebrüder Grimm fand.

Nach dem Tod der Mutter wird ein Geschwisterpaar von der Stiefmutter – einer bösen Hexe – drangsaliert und verhext. Für Jahre in den Wald geflohen, befreit ein König die beiden von dem Fluch und heiratet das schöne Mädchen. Nachdem die Hexe durch Mord und Zauberei die eigene Tochter dem König untergejubelt hat, fliegt der Schwindel noch rechtzeitig auf. Happy End!

Fast schon nebenan sitzt Philipp Landgraf zu Hessen und scheint uns die Hand zu reichen. Die Statue zeigt den weltoffenen Fürsten, der noch minderjährig, Anfang des 16. Jahrhunderts erste Regierungsgeschäfte tätigte, später den protestantischen Glauben förderte und mit der Marburger Hochschule die Wissenschaften unterstützte.

Für spezielle Wünsche

Mit der Romantik ist es vorbei, als ich kurz darauf im benachbarten Borken vor dem Show-Room des weltberühmten Harley-Davidson-Veredlers Fred

Die Skulptur Brüderchenund Schwesterchen ist in Homberg zu finden.

Der Querdenker Philipp Landgraf zu Hessen doziert in Homberg.

Farbenfrohes Fachwerk in Fritzlar.

Kodlin von meinem etwas angestaubten Bayern-Boxer steige und neugierig dieses besondere Studio für Lack, Leder und Gummi betrete, in dem ganz spezielle Wünsche erfüllt werden.

Ausgefallene Lackierungen, glänzender Chrom und überbreite Reifen stechen ins Auge - alles Unikate. Zahlreiche Größen der Unterhaltungsbranche ließen sich hier ihr Traummotorrad maßschneidern.

Zurück in der rauen Wirklichkeit erreiche ich wenig später die Dom- und Kaiserstadt Fritzlar. Auf Schusters Rappen schlendere ich zum Marktplatz, der von prächtigen Fachwerkhäusern umrahmt wird. Seit 450 Jahren plätschert hier der beeindruckende Rolandbrunnen, der anfangs über hölzerne Rohrleitungen mit dem Wasser der Eder gespeist wurde.

Das Rätsel um die Schöne

Kaum habe ich den Wasserlauf gequert, stoße ich das östliche Tor zum Nationalpark Kellerwald-Edersee auf, dessen ausgedehnte Buchenwälder zu den größten Deutschlands gehören und seit 2011 zu den UNESCO-Weltnaturerbestätten zählen. Einige dieser Laubbäume können bis zu 300 Jahre alt werden.

Als sie das Licht der Welt erblickten, wurde Schloss Friedrichstein im Norden der Stadt Bad Wildungen erbaut. Die hoch über dem Ort aufragende

Barockanlage zieht mich magisch an und belohnt mit tollen Ausblicken.

Toll anzuschauen soll eine äußerst attraktive Tochter der hier wohnenden Waldecker Grafen gewesen sein. War sie vielleicht die Hauptfigur des Grimmschen Märchens Schneewittchen? Die böse Stiefmutter will das bildhübsche Schneewittchen aus dem Weg räumen lassen. Das schöne Kind ist mittlerweile zu den sieben Zwergen hinter den sieben Bergen geflüchtet und hat mehrere Mordversuche überlebt, bis sie durch einen vergifteten Apfel stirbt. Beim Transport der Leiche fällt der Sarg zu Boden, Schneewittchen spuckt das Obst aus und erwacht zum Leben. Ein weiteres Happy End!

Ich gerate immer tiefer in die Bergregionen des dunklen Kellerwalds. Während der Gipfel, der 675 Meter hohe Wüstegarten, noch etliche Kilometer entfernt ist, ragt der nur unwesentlich niedrigere Traddelkopf ganz in meiner Nähe auf, als ich Gellershausen passiere.

Bikes, Burger & Barbecue

Wieder an der Eder angekommen, folge ich dem Flusslauf, der den Nationalpark halbkreisförmig umschließt. Der zwischen Afolderner See und Ederstausee gelegene und stets gut besuchte Bikertreff Zündstoff kommt gerade recht, weil mein Koffeinspiegel besorgniserregend abgesunken ist. Hier wird der American Way of Live kultiviert: Bikes, Burger & Barbecue. Nach einem heißen Kaffee mache ich mich auf zum gigantischen Wasserreservoir, das von einer 48 Meter hohen Staumauer gebändigt wird.

Die schmale Uferstraße schmiegt sich windungsreich an das glänzende

Die Eder sorgt auf ihrem Weg vom Rothaargebirge zur Fulda für reichlich nassen Nachschub im Ederstausee.

Das Zündstoff am Edersee mit seinem American Way of Live platzt an den Wochenenden regelmäßig aus den Nähten.

Nass, auf dem See zieht ein Fahrgastschiff ruhig dahin und hoch über mir thront Schloss Waldeck. Trotz aller Naturschönheiten lasse ich den Tacho nicht aus den Augen, denn die bei Kurvenkratzern beliebte und mit Tempolimit belegte Route wird häufig von mobilen Blitzern überwacht.

Reizvolle Alternative

Nach so viel Beherrschung kommen die Serpentinen hinauf nach Vöhl gerade recht – endlich darf die Drehzahl aus dem Keller. Die nahe Bundesstraße verschmähe ich, es lockt die fahrerisch reizvollere Alternative über Sachsenberg nach Frankenberg.

Das Städtchen an der Eder wurde durch sein historisches Rathaus bekannt, das mit allerlei Besonderheiten aufwarten kann: Zu ebener Erde schreite ich durch eine weiträumige Markthalle, die vor Wettereinflüssen schützt; aus dem oberen Stockwerk schauen die um 1500 von Philipp Soldan, einem talentierten Sohn dieser Stadt, geschaffenen originellen Holzfiguren auf mich herab und das graue Schieferdach trägt zehn Türmchen, die auf die einstigen Zünfte Frankenbergs hinweisen.

Nach mehreren Dutzend Schräglagenwechseln entdecke ich in einer der vielen Ederschleifen den einladenden Biergarten des Bikertreffs Arnold im bergigen Dodenau. Weil hier aber kein Parkplatz zu bekommen ist, ziehe ich weiter und genieße ein paar Gasstöße später ein weiteres aromatisches Heißgetränk am Aussichtspunkt Sackpfeife am östlichen Rand des Rothaargebirges. Mit „nur" 674 Metern ist es nicht der höchste Berg, aber der mit dem schönsten Panorama. Und die biegungsreiche Auffahrt ist auch nicht von schlechten Eltern.

Auf der Weiterfahrt meide ich weitestgehend die Hauptstraßen und taste mich auf lohnenswerten Nebenstrecken über Wetter bis an den Rand

Schloss Waldeck gab der Region ihren Namen.

von Kirchhain vor. Nachdem ich den Staatsforst Trevsa durcheilt habe, taucht vor meinem Lenker Schwalmstadt-Ziegenhain auf.

Verzierte Gewänder

Der Wasserlauf Schwalm prägt den Namen dieser Region und speist ganz nebenbei auch den Burggraben der barocken Wasserfestung. Während des Dreißigjährigen Krieges wehrte sie zahlreiche Belagerungen ab, doch als ich hinein rolle, schlägt mir keinerlei Widerstand entgegen. Vor mehr als 100 Jahren trugen hier Frauen, Männer und Kinder alltags bodenständige, an Sonn- und Feiertagen reich verzierte Gewänder, die nicht nur strengen Regeln unterlagen, sondern gleichzeitig auch Auskunft über Familienstand, Herkunft und Vermögen gaben: die Schwälmer Tracht.

Die Türme des Frankenberger Rathauses verweisen auf die zehn Zünfte, die hier einst zuhause waren (oben). Der Künstler Philipp Soldan schuf die Holzfiguren am Rathaus (links).

Während die Jugend durch die Farbe Rot signalisiert wurde, ging die letzte Lebensetappe mit Schwarz einher. Mit wachsendem Alter wechselte beim Herrn die Farbe der Weste und bei der Dame die Farbe der Haube, dem so genannten Betzel, das den auf dem Kopf gebundenen Haarknoten bedeckt.

Vielleicht ließen sich die Gebrüder Grimm von der Schwälmer Tracht inspirieren, als sie die Fabel Rotkäppchen und der Wolf niederschrieben und in Nordhessen ansiedelten. Das Rotkäppchen soll der kranken Oma ein Essenskörbchen bringen. Auf dem Weg durch den Wald trifft sie auf einen Wolf, der seine bösen Absichten gut zu verstecken weiß. Er trifft vor dem Rotkäppchen bei der Oma ein, frisst erst sie und dann das Kind. Beim Verdauungsschlaf vom Jäger überrumpelt, wird dem Wolf der Bauch aufgeschnitten, Oma und Kind kommen zu Tage und mit dem Schrecken davon. Und noch ein Happy End!

Die Rückkehr des Wolfs?

Glaubt man den Medien, ist mit der Rückkehr des Isegrims auch in dieser Mittelgebirgsregion zu rechnen – gibt es dann Rotkäppchen und der Wolf reloaded?

Mit der tiefstehenden Sonne im Rücken gelange ich wieder ins Knüllgebirge. Dort sorgt ein spannender Landschaftskrimi für reichlich Adrenalin: Etliche Höhenzüge, die mit Weitblicken glänzen, unzählige Kurven, die an den Reifenflanken knabbern und immer wieder Walddurchfahrten, die lichtlosen Tunneln gleichen.

Eine echte Aufstiegschance bietet sich mir dann in der Nähe des Truppenübungsplatzes Schwarzenborn: der August-Franke-Turm auf dem erloschenen und 634 Meter hohen Vulkan Knüllköpfchen mit seinem traumhaften Rundblick in alle Himmelsrichtungen. Mit der Gewissheit, nicht den letzten Turm des Tages erklommen zu haben, schließe ich den Helm und nehme Kurs auf Wallenstein.

Am Ende der dortigen Burgstraße stoppe ich am „Strandbad No. 1" und ziehe nicht nur den Zündschlüssel, sondern auch meine verschwitzten Motorradklamotten aus. Nach einer erfrischenden Runde im Schwimmteich mache ich mich in Jeans und T-Shirt auf den Weg hinauf zur Burgruine, dem einstigen Sitz der Grafen und Ritter von Wallenstein. Atemlos auf den Zinnen angekommen, lasse ich den Fahrtag zwischen Knüllgebirge und Kellerwald Revue passieren: eine gelungene Mischung aus Dichtung und Wahrheit!

Die Burgruine Wallenstein sorgt für ein märchenhaftes Ambiente am Naturschwimmbad.

INFOS ZUR TOUR

CHARAKTERISTIK

Das Knüllgebirge und der Nationalpark Kellerwald-Edersee sind wenig bekannte, aber landschaftlich äußerst reizvolle Tourengebiete im Nordwesten Hessens. Unzählige Wasserläufe haben sich zwischen die bewaldeten, bis zu 700 Meter hohen Bergrücken gedrängt. Malerische Kleinstädte mit historischen Ortskernen verlocken zur Rast, Schlösser und Burgen warten auf ihre Entdecker. Die Ende des 18. Jahrhunderts über lange Zeit in Kassel lebenden Brüder Jacob und Wilhelm Grimm sammelten zahlreiche Märchen und siedelten sie in der Region an. Der mächtige Ederstausee und bekannte Bikertreffs werden durch ein dichtes und kurviges Straßennetz miteinander verbunden, das sowohl für Grünschnäbel, als auch für alte Hasen etwas zu bieten hat.

ÜBERNACHTUNG

Landhotel Zinn und Campingplatz Burg Wallenstein

GS-Pilot Udo Assmann-Zinn, Wirt des bodenständigen Gasthauses, kennt nicht nur die Grimmheimat wie seine Westentasche, sondern auch weiter entfernte Ziele wie den Vogelsberg, die Rhön und den Thüringer Wald. Motorradwanderer finden zum Ausklang einer märchenhaften Tagestour Erfrischung im Strandbad No. 1 und Gaumenfreuden auf der Terrasse des angeschlossenen Bistros.

www.landhotel-zinn.de

GPS 50.95052, 9.49233

ATTRAKTIONEN

Weiterführende Informationen zu den im Text genannten Sehenswürdigkeiten / Museen im Internet:

Borgmannturm auf dem Eisenberg
www.resort-eisenberg.de

Show-Room Fred Kodlin
www.kodlin.com

Bikertreff Zündstoff
www.zuendstoff-edersee.de

Bikertreff Arnold
www.gaststaette-arnold.de

Burg Balduinseck

Zwischen den Strömen

Graues Gold, edle Steine und brutale Banditen: Zutaten für einen spannenden Krimi. Dazu noch etwas guten Wein, ein paar romantische Burgen und fertig ist ein kurzweiliges Motorradwochenende im Hunsrück. Denn der dünn besiedelte Höhenzug versteht es meisterhaft, die Ströme von Mosel und Rhein mit verwinkelten Straßen und abwechslungsreichen Landschaftsbildern zu verbinden.

Die Burg Balduinseck bot im Mittelalter eine trügerische Geborgenheit.

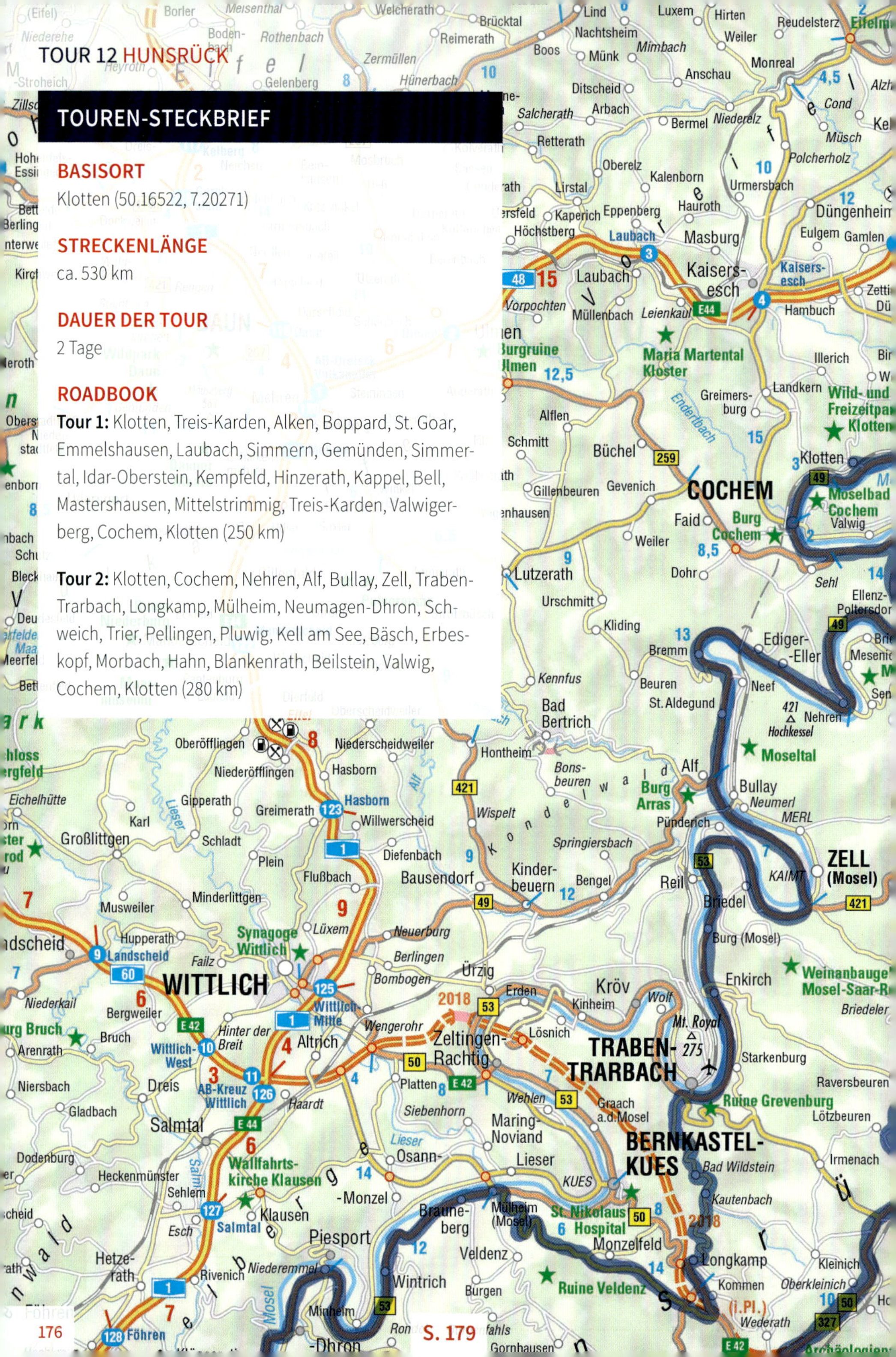

TOUREN-STECKBRIEF

BASISORT

Klotten (50.16522, 7.20271)

STRECKENLÄNGE

ca. 530 km

DAUER DER TOUR

2 Tage

ROADBOOK

Tour 1: Klotten, Treis-Karden, Alken, Boppard, St. Goar, Emmelshausen, Laubach, Simmern, Gemünden, Simmertal, Idar-Oberstein, Kempfeld, Hinzerath, Kappel, Bell, Mastershausen, Mittelstrimmig, Treis-Karden, Valwigerberg, Cochem, Klotten (250 km)

Tour 2: Klotten, Cochem, Nehren, Alf, Bullay, Zell, Traben-Trarbach, Longkamp, Mülheim, Neumagen-Dhron, Schweich, Trier, Pellingen, Pluwig, Kell am See, Bäsch, Erbeskopf, Morbach, Hahn, Blankenrath, Beilstein, Valwig, Cochem, Klotten (280 km)

S. 179

POLCH
Kobern-Gondorf
Winningen
Dieblich
Moselblick
LAHNSTEIN
Burg Lahneck
Kurthermen Rhein-Lahn
Stadion Oberwerth
Schloss Stolzenfels
BRAUBACH
Marksburg
RHENS
Waldesch
MÜNSTER-MAIFELD
Burg Pyrmont
St. Martin
Burg Thurant
Koblenz/Waldesch
Vierseenblick
BOPPARD
Römerkastell
Kloster Bornhofen
Kamp-Bornhofen
Burg Eltz
Burgruine Ehrenburg
Mosel
St. Castor
Treis-Karden
Mosel-Boating-Center
Burgruine Treis
Oberes Mittelrheintal
Burg Maus
Burg Katz
Emmelshausen
SANKT GOAR
Rheinfels
Pfalzfeld
OBERWESEL
Liebfrauen-K.
Schönburg
Beltheim
KASTELLAUN
Ruine Kastellaun
Burgstadt
Freizeitpark Bell
Hochwildschutzpark Hunsrück
Rheinböllen
SIMMERN
Schloss Simmern
KIRCHBERG (Hunsrück)
Flughafen Hahn
Sohren
Büchenbeuren
Ehem. Klosterk. "Hunsrück Dom"
Naturpark Soonwald
Am Weißenfels
Simmernkopf 653
Ellerspring 657
Gemünden
Ruine Koppenstein
S. 179

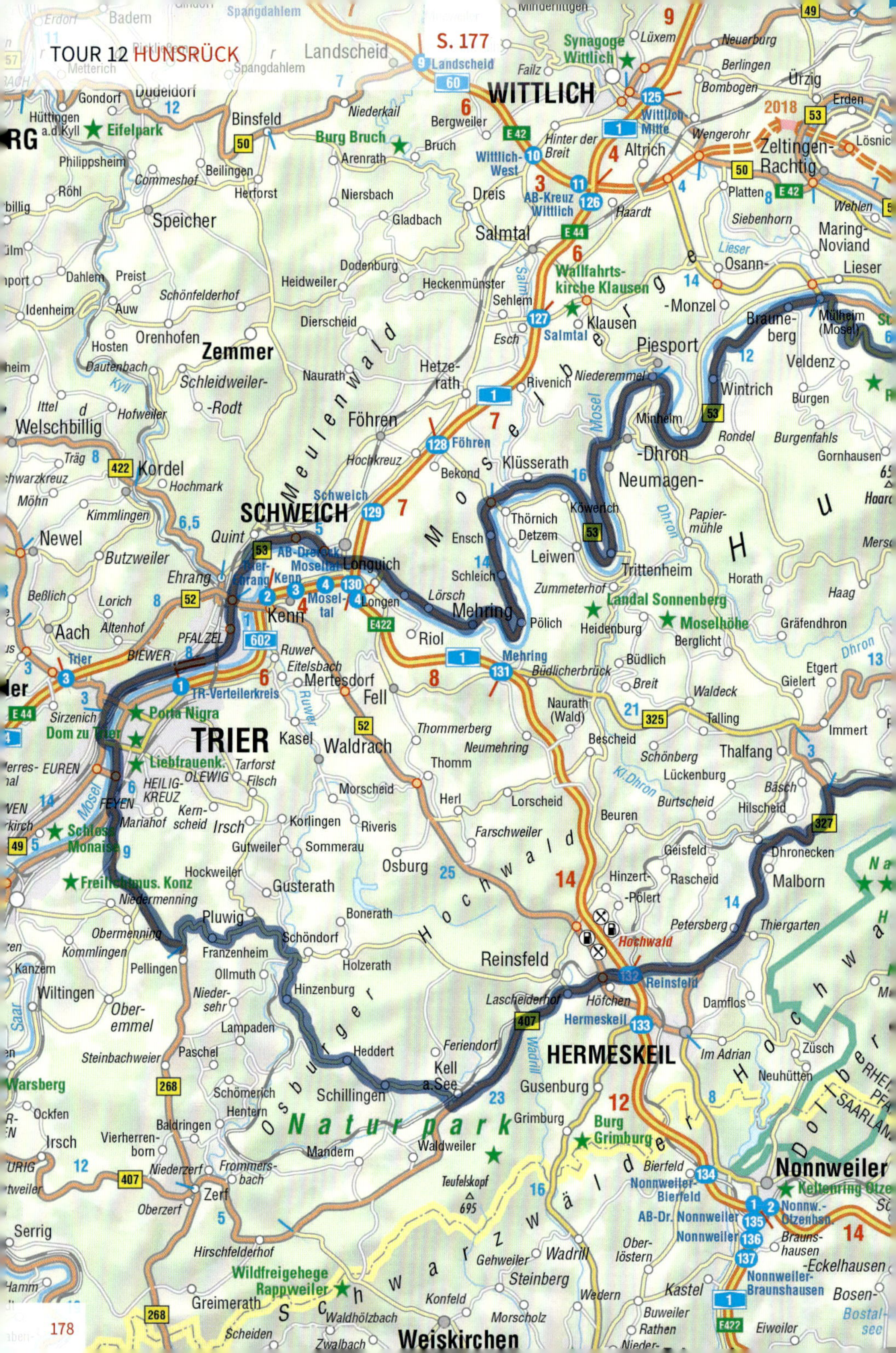
S. 177
WITTLICH
Landscheid
Synagoge Wittlich
Burg Bruch
Eifelpark
Binsfeld
Speicher
Zemmer
Welschbillig
Kordel
SCHWEICH
Föhren
Meulenwald
Salmtal
Wallfahrtskirche Klausen
Klausen
Piesport
Zeltingen-Rachtig
Brauneberg
Veldenz
Wintrich
Minheim
Neumagen-Dhron
Klüsserath
Trittenheim
Leiwen
Mehring
Longuich
Kenn
Ehrang
TRIER
Porta Nigra
Dom zu Trier
Liebfrauenk.
Schloss Monaise
Freilichtmus. Konz
Waldrach
Landal Sonnenberg
Moselhöhe
Thalfang
Osburg
Hochwald
Reinsfeld
HERMESKEIL
Pluwig
Schillingen
Kell a. See
Naturpark
Burg Grimburg
Nonnweiler
Keltenring Otzenhausen
Wildfreigehege Rappweiler
Weiskirchen
Schwarzwälder Hochwald
Osburger Hochwald
Dollberg
Mosel
2018

S. 179

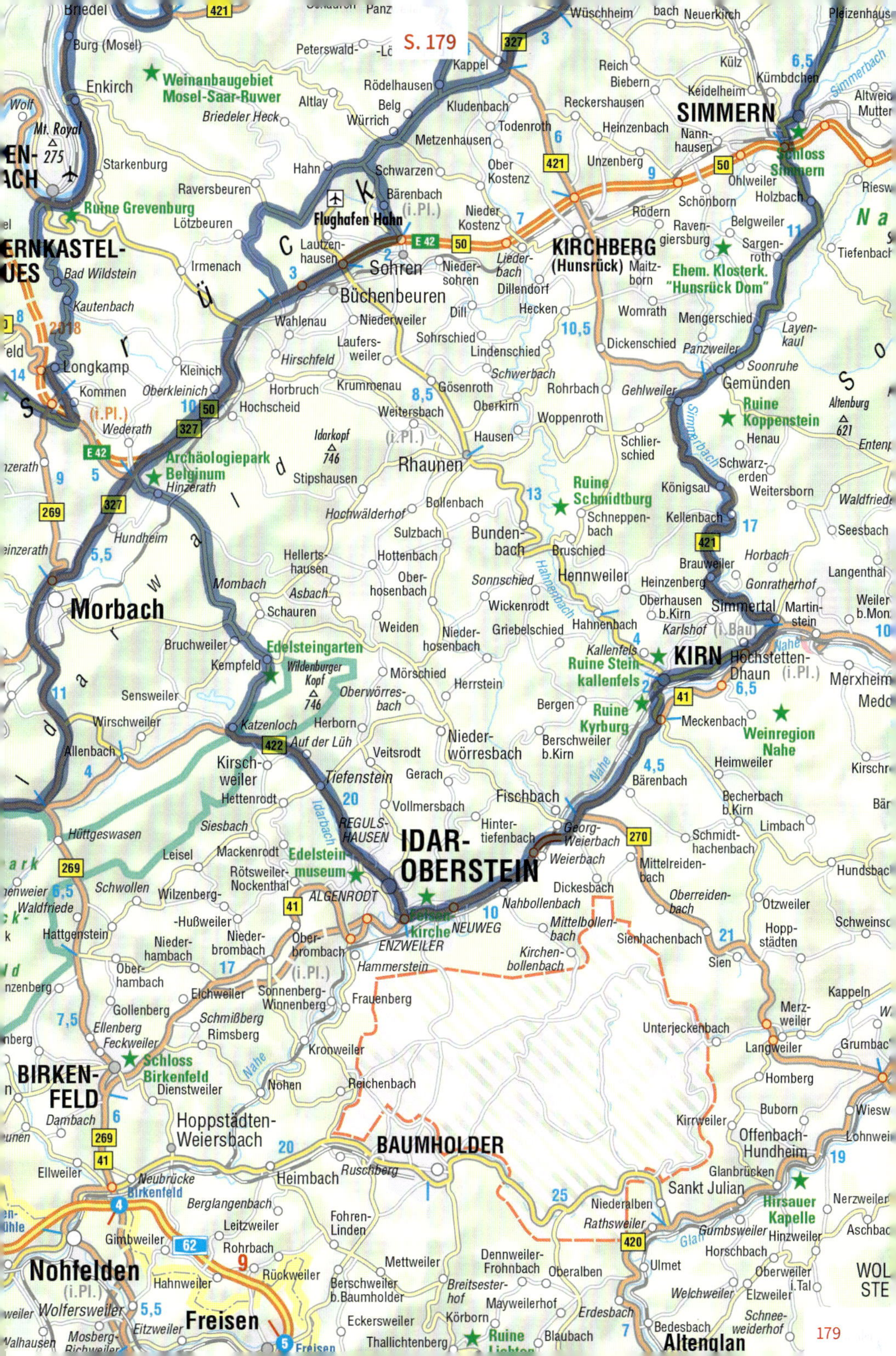

Briedel
Burg (Mosel)
Enkirch
Weinanbaugebiet Mosel-Saar-Ruwer
Peterswald-Löffelscheid
Panzweiler
Wüschheim
Neuerkirch
Pleizenhausen
Kappel
Reich
Külz
Kümbdchen
Altlay
Rödelhausen
Biebern
Keidelheim
Altweidelbach
Belg
Kludenbach
Reckershausen
Simmern
Mutterschied
Wolf
Mt. Royal 275
Briedeler Heck
Würrich
Todenroth
Heinzenbach
Nannhausen
Metzenhausen
Starkenburg
Hahn
Schwarzen
Ober Kostenz
Unzenberg
Schloss Simmern
Ohlweiler
Raversbeuren
Bärenbach
Schönborn
Holzbach
Ruine Grevenburg
Lötzbeuren
Flughafen Hahn
Nieder Kostenz
Rödern
Ravengiersburg
Belgweiler
Bernkastel-Kues
Lautzenhausen
Sohren
Niedersohren
Liederbach
Kirchberg (Hunsrück)
Maitzborn
Sargenroth
Tiefenbach
Irmenach
Bad Wildstein
Büchenbeuren
Dillendorf
Ehem. Klosterk. "Hunsrück Dom"
Kautenbach
Dill
Hecken
Womrath
Mengerschied
Layenkaul
Wahlenau
Niederweiler
Laufersweiler
Sohrschied
Lindenschied
Dickenschied
Panzweiler
Longkamp
Hirschfeld
Kleinich
Soonruhe
Gemünden
Kommen
Oberkleinich
Horbruch
Krummenau
Gösenroth
Schwerbach
Rohrbach
Gehlweiler
Hochscheid
Wederath
Weitersbach
Oberkirn
Woppenroth
Ruine Koppenstein
Altenburg 621
Idarkopf 746
Hausen
Henau
Archäologiepark Belginum
Hinzerath
Stipshausen
Rhaunen
Schlierschied
Schwarzerden
Weitersborn
Simmerbach
Hochwälderhof
Bollenbach
Ruine Schmidtburg
Königsau
Waldfriede
Hundheim
Sulzbach
Bundenbach
Schneppenbach
Kellenbach
Seesbach
Hellertshausen
Hottenbach
Bruschied
Horbach
Langenthal
Mombach
Asbach
Oberhosenbach
Sonnschied
Hennweiler
Heinzenberg
Gonratherhof
Morbach
Schauren
Wickenrodt
Oberhausen b.Kirn
Simmertal
Martinstein
Weiler b.Monzingen
Weiden
Niederhosenbach
Griebelschied
Hahnenbach
Karlshof
Bruchweiler
Edelsteingarten
Kallenfels
Ruine Stein-Kallenfels
Kirn
Hochstetten-Dhaun
Merxheim
Kempfeld
Wildenburger Kopf 746
Mörschied
Herrstein
Bergen
Sensweiler
Oberwörresbach
Ruine Kyrburg
Meckenbach
Weinregion Nahe
Wirschweiler
Katzenloch
Herborn
Niederwörresbach
Berschweiler b.Kirn
Allenbach
Auf der Lüh
Veitsrodt
Heimweiler
Kirschweiler
Gerach
Bärenbach
Tiefenstein
Hettenrodt
Fischbach
Becherbach b.Kirn
Vollmersbach
Limbach
Hüttgeswasen
Siesbach
Regulshausen
Idar-Oberstein
Hintertiefenbach
Georg-Weierbach
Schmidthachenbach
Leisel
Mackenrodt
Edelsteinmuseum
Weierbach
Mittelreidenbach
Hundsbach
Schwollen
Rötsweiler-Nockenthal
Dickesbach
Oberreidenbach
Waldfriede
Wilzenberg-Hußweiler
Algenrodt
Nahbollenbach
Otzweiler
Hattgenstein
Niederhambach
Niederbrombach
Oberbrombach
Felsenkirche
Neuweg
Mittelbollenbach
Sienhachenbach
Hoppstädten
Enzweiler
Kirchenbollenbach
Sien
Oberhambach
Hammerstein
Elchweiler
Sonnenberg-Winnenberg
Frauenberg
Kappeln
Gollenberg
Merzweiler
Schmißberg
Unterjeckenbach
Ellenberg
Rimsberg
Feckweiler
Langweiler
Grumbach
Schloss Birkenfeld
Kronweiler
Birkenfeld
Nohen
Homberg
Dienstweiler
Reichenbach
Buborn
Dambach
Hoppstädten-Weiersbach
Kirrweiler
Offenbach-Hundheim
Baumholder
Lohnweiler
Ellweiler
Neubrücke
Heimbach
Ruschberg
Glanbrücken
Sankt Julian
Hirsauer Kapelle
Nerzweiler
Berglangenbach
Niederalben
Leitzweiler
Fohren-Linden
Rathsweiler
Gumbsweiler
Hinzweiler
Aschbach
Gimbweiler
Rohrbach
Horschbach
Nohfelden
Mettweiler
Dennweiler-Frohnbach
Oberalben
Ulmet
Oberweiler i.Tal
Rückweiler
Hahnweiler
Berschweiler b.Baumholder
Breitsesterhof
Mayweilerhof
Welchweiler
Elzweiler
Wolfersweiler
Freisen
Eitzweiler
Eckersweiler
Körborn
Erdesbach
Schneeweiderhof
Mosberg-Richweiler
Thallichtenberg
Blaubach
Bedesbach
Altenglan
Ruine Lichtenberg
Nahe
Glan
Idarbach
Hahnenbach
Simmerbach

Im Hotel zur Post werden Motorräder im alten Tanzsaal untergebracht (oben). Die hoch über der Mosel gelegene Burg Thurant (unten).

Vor wenigen Tagen stand ich noch am Ballon d'Alsace, dem 1247 Meter hohen Berg im Süden der Vogesen und genoss grandiose Fernblicke bis in die Alpen. Pockennarbiger Asphalt ließ mich hinunter nach St. Maurice sur Moselle rumpeln, wo die Mosel – la Moselle – sich auf ihren weiten Weg macht. Danach streifte ich tagelang durch Frankreich und Luxemburg nordwärts, um die Grande Dame schließlich spätabends im beschaulichen Klotten wiederzutreffen.

Selten hat mein Motorrad standesgemäßer genächtigt, als in Klaus Berens Garage: Statt an dunklen Wegesrändern, in windschiefen Scheunen oder nasskalten Tiefgaragen schlummerte es im ehemaligen Tanzsaal des Hotels zur Post. Voller Elan start ich am nächsten Morgen in den Tag. Die Enge im Tal hat das Entstehen größerer Orte verhindert, jedes Dörfchen ist natürlich gewachsen – hübsch herausgeputzte Häuser, mal Schiefer, mal Fachwerk, lauter Unikate.

Die Fähre in Klotten überquert die hier 135 Meter breite Mosel.

Auf dem sonnenbeschienenen linken Moselufer toure ich bis Treis-Karden, wo ich mit der B 49 den Strom quere, hinter mir die leuchtenden Eifelhänge, vor mir die schattigen Hunsrückflanken. Nach rund 25 Kilometern biege ich bei Alken zur doppeltürmigen Burg Thurant ab, die auf einer Felsnase hoch über dem Ort thront und zu den ältesten Bastionen des Mosellandes zählt.

Während ich von den dicken Mauern aus die fantastische Weitsicht genieße, zupft eine steife Brise an meiner Jacke und lässt Wattewolken rasant über den Himmel ziehen. Auch ich ziehe weiter, denn das Ende der Mosel ist nahe, sie wird in Koblenz am Deutschen Eck in den Rhein münden.

Wieder den Tank zwischen den Knien zirkel ich den zwischen den Strömen liegenden Hunsrück hinauf und quere dabei die geschichtsträchtige B 327. Sie wurde aus strategischen Gründen kurz vor Beginn des Zweiten Weltkrieges in Rekordzeit aus dem Boden gestampft und verbindet als Hunsrückhöhenstraße Koblenz mit Saarburg an der Grenze zu Luxemburg.

Loreley & Schinderhannes

Die auserwählte Landstraße nach Boppard meint es gut mit mir und schickt mich auf windungsreichem Teer durch sattgrüne Laubwälder talwärts, bis vor meinem Cockpit der Mittelrhein auftaucht.

Bis Sankt Goar weiche ich dem Rhein nicht von der Seite. Die Namen der vorbeiziehenden Lastkähne und Ausflugsschiffe, Klöster und Festun-

Zwischen den malerischen Rheinstädtchen St. Goar und St. Goarshausen verkehrt die Loreleyfähre.

gen kann ich mir nicht alle merken, wohl aber Burg Maus bei Wellmich und Burg Katz bei St. Goarshausen.

Ganz in der Nähe liegt der weltberühmte Loreleyfelsen, der auf einer zünftigen Rheinfahrt nicht fehlen darf. An diesem besonders gefährlichen Abschnitt der Wasserstraße soll seit Jahrhunderten ein sagenumwobenes Frauenzimmer durch besondere Schönheit und betörenden Gesang manch armen Steuermann zum Kentern gebracht haben.

Papperlapapp, genug von deutscher Romantik: An der Ruine von Burg Rheinfels beginne ich mit einem erneuten Aufstieg zur Hunsrückhöhenstraße. Anfangs ganz entspannt am Gründelbach entlang, heißt es dann wenig später einen Gang herunterschalten und kräftig am Gasgriff drehen, um die Kehren vor Emmelshausen zu meistern.

Nachdem ich den Verkehrsknotenpunkt passiert habe und auf die B 327 eingeschwenkt bin, rastet der hohe Gang ein. Aber nicht lange! Denn noch vor Kastellaun biege ich nach Simmern ab. Eng mit dem Hunsrück verbunden ist die schillernde Person des Schinderhannes.

Ende des 18. Jahrhunderts, als französische Truppen das linksrheinische Gebiet besetzt hatten, begann der blutjunge Johannes Bückler, Schinderhannes genannt, seine kriminelle Karriere. Armut und Hunger, Raub und Mord waren an der Tagesordnung. Bückler setzte sich in der Bande brutal durch, stieg bis zum Räuberhauptmann auf und trieb lange sein Unwesen, bis er und seine 19 Kumpane gefangen genommen und 1803 auf dem Schafott enthauptet wurden. Seither kann der Hunsrück ohne Angst vor Überfällen bereist werden.

Graues Gold & edle Steine

Bei Gemünden öffnet sich das malerische, 16 Kilometer lange Kellenbachtal. Nach unzähligen Schräglagenwechseln suche ich die Nähe der Nahe, deren Tal kaum Platz für Schiene, Straße und Fluss bietet. Die breite B 41 schmiegt sich an den Strom und transportiert mich schnörkellos bis vor das Deutsche Edelsteinmuseum in Idar-Oberstein.

Glanzstücke meisterlichen Könnens und wertvolle Mineralien aus aller Welt sind hier ausgestellt, denn seit dem Mittelalter trieben Nahe und Isarbach Schleifmühlen an, mit denen Edelsteine in Form gebracht wurden. Gegen den Lauf des Idarbachs rolle ich durch kleine Orte, deren Häuser mit Schiefer, dem grauen Gold des Hunsrücks, verkleidet sind.

Achat-Vorkommen und deren Verarbeitung begründen den Wohlstand Idar-Obersteins.

Erneut auf der Hunsrückhöhenstraße unterwegs, passiere ich den Stumpfen Turm, die Ruine eines zur Burg Baldenau zählenden Außenpostens. Er markiert den 560 Meter

Das Deutsche Edelsteinmuseum beherbergt Tausende Exponate aus der ganzen Welt.

Die sanft gewellte Hunsrückhochebene (oben). Der Stumpfe Turm steht unmittelbar an der Hunsrückhöhenstraße (unten).

hohen Gipfelpunkt der Tour und erinnert mich, bald von der Hauptroute in Richtung Kappel abzubiegen. Am südlichen Rand von Kastellaun fordere ich die seit etlichen Kilometern unbenutzten Bremsen zur Arbeit auf und biege nach Bell ab.

Inmitten eines Flickenteppichs aus weiten Feldern und kleinen Wäldern zieht mich ein einsamer Turm magisch an. Gut so, denn kräftiger Nordwestwind schickt dunkle Wolken übers Land. Unter dem schützenden Dach der Aussichtsplattform warte ich einen Regenguss ab, um dann zur nahegelegenen Burgruine Balduinseck aufzubrechen.

Sie und zwei weitere Festungen ließ der Erzbischof von Trier im 14. Jahrhundert errichten, um seinen hiesigen Machtbereich zu sichern. Der ganz große Zufall führt mich anschließend ins nahe Mastershausen, wo ich auf einen nachgebauten römischen Wachtturm stoße, der den Halt mit tollen Blicken auf Eifel und Westerwald belohnt.

Einige Schaltvorgänge später sind meine Augen nur auf den schmalen Teer gerichtet, der den kapriziösen Windungen des zur Mosel führenden Flaumbachs folgt und mich erst bei Treis-Karden aus Dunkelheit und Enge entlässt. Doch das Beste kommt zum Schluss: die Erinnerungen ans Stilfser Joch weckende Etappe über den bei Motorradfahrern beliebten Valwiger Berg hinunter nach Cochem.

Mosel am Morgen

In den Flussschleifen zwischen Cochem und Trier gehört scheinbar zu jedem Rebhang eine Burg. Den Anfang macht die hoch über Cochem aufragende Reichsburg, die, stark beschädigt und dem Verfall preisgegeben, von einem romantischen Gönner wiederaufgebaut wurde. Mit ihren Türmchen, Erkern und Zinnen erinnert sie ein wenig an das phantastische Disneyland.

Harte Realität spüren dagegen jene Winzer, die in den steilsten Lagen Europas bei Ediger-Eller, Calmont und Bremm auf Maschinen verzich-

Eine recht steile Moselweinlage (oben) und der Aussichtsturm in Mastershausen (unten).

Hoch über der Mosel erhebt sich die Reichsburg, Cochems Wahrzeichen.

ten müssen und mühevolle Handarbeit leisten.

Wein-Maskottchen

Am Verkehrsknotenpunkt Alf führt mich die markante Doppelstockbrücke hinüber an die westlichen Hänge des Hunsrücks. Über mir rattert ein Zug, unter mir fließt die Mosel. Ihr bin ich erst 30 Kilometer gefolgt, als ich in Merl ins Staunen gerate: Hier steht der Welt größter Pissamann, seit einigen Jahren das besondere Maskottchen der Merler Weinfreude. Anders als erhofft, spendet das Tonnenwesen auf Knopfdruck aber nur Wasser.

Im nahen Zell fordert ein weiterer Wasserspeier meine Aufmerksamkeit: der Brunnen der Schwarzen Katz. Angeblich soll sie Mitte des 19. Jahrhunderts fauchend ein Weinfass verteidigt haben, dessen Inhalt nach einer Verkostung zu einem wahren Verkaufsschlager wurde.

Der Pissamann ist das Maskottchen der Merler Weinfreunde und zugleich weltgrößtes Exemplar seiner Art.

Rebhang und Rebensaft tragen seither den Namen Zeller Schwarze Katz. Damit stoße ich das Tor zur Mittelmosel auf, die sich von hier über 120 Kilometer bis nach Trier erstreckt. Mittendrin noch ein bekannter Wein – der Kröver Nacktarsch. Die Bezeichnung wurde nicht von angetrunkenen Marketingstrategen erdacht und hat auch nichts mit einem entblößten Hinterteil zu tun, eher mit dem im Winter laublosen, nackten Südhang.

Die zahlreichen und oft verwinkelten Ortsdurchfahrten verhindern ein flottes Tempo, da kommt am Rand von Traben-Trarbach eine vielversprechende Abzweigung in die Höhen des Hunsrücks gerade recht. Von dort aus kann ich nicht nur das geschäftige Treiben auf dem Strom beobachten, sondern auch das friedvolle Miteinander von Burgen und Weißweinreben.

Über den Elisenberg, auf dem schon Napoleon weilte, kurve ich hinunter nach Mülheim. Lange vor dem kleinen Franzosen waren die Römer hier zu Gast und brachten erste Rebstöcke ins Land der Barbaren, wo an den Sonnenhängen des stark gewundenen Flusses, dem Weingott Bacchus sei Dank, ideale Anbaubedingungen herrschten.

Dort, wo heute das Piesporter Goldtröpfchen gehegt und gepflegt wird, wurde unlängst eine antike römische Kelteranlage ausgegraben. Damit

Weil ein Mitbürger Mühlheim vor der Vernichtung bewahrte, schenkte man ihm einen Weinberg.

Die Trierer Porta Nigra, steht am Kreuzungspunkt antiker Handelswege.

nicht genug. Im nahen Neumagen-Dhron stoppe ich das Krad vor dem Weinschiff – dem steinernen Nachbau einer von Ruderern angetriebenen, mit Weinfässern beladenen Galeere. Schon bald schlängele ich mich am Fuß der Moselberge entlang nach Trier, eine der ältesten Städte Deutschlands. Ein absolutes Muss ist der Besuch der Porta Nigra, dem größten erhaltenen Stadttor des ehemaligen römischen Imperiums.

Echte Höhenflüge

Nach einer ordentlichen Portion Kultur juckt die Gashand, Zeit die Zügel locker zu lassen. Die Drehzahlmessernadel beginnt aufgeregt zu tanzen, als ich auf einer sehr schön geschwungenen Nebenstrecke über die Ruwer hüpfe, in den Naturpark Saar-Hunsrück eindringe und mich durch den Osburger Hochwald zur Hunsrückhöhenstraße empor kämpfe. Der Name hält auch hier, was er verspricht! Das panoramenreiche Teerband verläuft weitestgehend auf dem Hauptkamm des Mittelgebirges, ist mit Radien aller Güteklassen gespickt und erlaubt dennoch ein hohes Reisetempo.

Doch schon lässt mich ein Hinweisschild schwach werden und am Kassenhäuschen der sehenswerten Flugausstellung in Hermeskeil landen. Auf dem weitläufigen Gelände und in den Ausstellungshallen bestaune ich über 100 Exponate: Vom ersten Gleiter bis hin zur Concorde wird alles geboten. Wieder auf der B 327 unterwegs, gönne ich mir nach wenigen Kilometern schon die nächste Zwischenlandung – diesmal einen kleinen Schlenker zum Erbeskopf, dem 816 Meter hohen Gipfel des Hunsrücks.

Doch nun genug der Eskapaden, erneut auf der eigentlichen Route unterwegs, heißt es Höhe halten bis hinter den Regionalflughafen Hahn, wo ich die Straße der weiten Aussichten verlasse und in Richtung Westen abdrehe. Noch bevor die Abendsonne hinter den Kuppen der Voreifel verschwindet, erreiche ich mit dem pittoresken Beilstein einen der wohl romantischsten Moselorte.

Unterhalb der von Weinstöcken umzingelten Burg Metternich gönne ich mir eine letzte Pause, schaue dem regen Treiben auf dem Strom zu und komme ins Schwärmen: Mensch, ist das schön hier! ◀

INFOS ZUR TOUR

CHARAKTERISTIK

Der durchschnittlich 500 Meter hohe Hunsrück weist eine Länge von rund 100 Kilometern auf und liegt zu großen Teilen im Bundesland Rheinland-Pfalz, südwestliche Ausläufer ragen ins Saarland. Als Gipfel zählt der Erbeskopf 816 Höhenmeter. Der Kamm des zum Rheinischen Schiefergebirges gehörenden Höhenzuges bildet nicht nur die Wasserscheide Mosel – Nahe, hier verläuft auch die landschaftlich reizvolle Hunsrückhöhenstraße B 327. Nach den Auswanderungen im 18. und 19. Jahrhundert weist die Region die niedrigste Bevölkerungsdichte Deutschlands auf. Natürliche Grenzen bilden die Ströme von Mosel, Rhein, Saar und Nahe.

ÜBERNACHTUNG

Hotel Zur Post

Ob an der romantischen Mosel entlang, durch den menschenleeren Hunsrück oder hinauf in die kurvige Eifel, die Post ist der ideale Ausgangspunkt für traumhafte Touren in die schönsten Motorradregionen Deutschlands. Das vom Wirt Klaus Berens familiär geführte Haus glänzt mit einer ausgezeichneten Küche und gepflegten Weinen sowie Garage und Routenvorschlägen.

www.hotelzurpost-klotten.de

GPS 50.16522, 7.20271

ATTRAKTIONEN

Weiterführende Informationen zu den im Text genannten Sehenswürdigkeiten / Museen im Internet:

Burg Thurant
www.thurant.de

Schinderhannes
www.hunsrueck-museum.de

Deutsches Edelsteinmuseum
www.edelsteinmuseum.de

Reichsburg Cochem
www.reichsburg-cochem.de

Porta Nigra, Trier
www.zentrum-der-antike.de

Flugausstellung Hermesk
www.flugausstellung.de

HERAUSGEBER

TVV Touristik-Verlag GmbH | Werner Henschel Str. 2 | D-34233 Fuldatal-Ihringshausen
Tel.: +49 (0) 561/400 85 - 0 | Fax: +49 (0) 561/400 85 - 21
info@bikerbetten.de | www.bikerbetten.de

Vertretungsberechtigter Geschäftsführer: Peter Schmitz, Jan-Uwe Schmitz
Registergericht: Kassel | Registernummer: 13254
Umsatzsteuer-Identifikationsnummer gemäß § 27 a Umsatzsteuergesetz: DE813611060

REDAKTION Frank Sachau

FOTOS:
Frank Sachau (Titelbilder, 21, 26, 27, 28, 29, 30, 31, 32, 35, 40 (2x), 41, 42, 43, 2 x 44, 45, 46, 2 x 47, 48, 51, 2 x 56, 57, 58, 2 x 59, 60, 61, 2 x 62, 2 x 63, 2 x 64, 66, 2 x 71, 2 x 74, 75, 76, 77, 2 x 78, 2 x 79, 80, 98, 2 x 104, 2 x 105, 2 x 106, 107, 2 x 108, 109, 2 x 110, 111, 2 x 112, 114, 120, 121, 122, 123, 124, 125, 126, 128, 133, 2 x 134, 135, 136, 2 x 137, 138, 139, 2 x 140, 141 , 142, 144, 2 x 148, 149, 150, 151, 152, 153, 2 x 154, 2 x 155, 156, 158, 163, 2 x 164, 165, 166, 167, 168, 169, 170, 2 x 171, 172, 174, 2 x 180, 181, 182, 2 x 183, 2 x 184, 2 x 185, 2 x 186, 187, 188, 1 x Rückumschlag), Peter Wahl (6, 2 x 12, 13, 2 x 14, 15, 2 x 16, 17, 18), Shutterstock: jstuij (83, 1 x Rückumschlag), tichr (88), Lev Levin (89), Simon Dux Media (91), Toni Bryan (92, 1 x Rückumschlag), fotoping (94, 96), Kuzmalo (95).

UMSCHLAGGESTALTUNG TVV Touristik-Verlag GmbH

KARTENBASIS © Kunth Verlag GmbH & Co. KG

ROUTEN Frank Sachau

PRODUKTION MoTourMedia, Wuppertal

LEKTORAT Text-o-Pix, Wuppertal

DRUCK UND WEITERVERARBEITUNG Silber Druck oHG, 34266 Niestetal

Die GPS-Daten gibt es zum kostenlosen Download auf **bikerbetten.de**

ISBN 978-3-96599-016-6

WWW.BIKERBETTEN.DE